教师职业素养与发展规划

优秀教师必备的综合素养

孔德生 卢明铁◎编著

YOUXIUJIAOSHIBIBEIDE ZONGHESUYANG

吉林文史出版社

图书在版编目（CIP）数据

优秀教师必备的综合素养 / 孔德生，卢明铁编著．
——长春：吉林文史出版社，2012．6（2021.6重印）
（教师职业素养与发展规划）
ISBN 978－7－5472－1083－3
Ⅰ．①优… Ⅱ．①孔… ②卢… Ⅲ．①中小学－教师
－修养 Ⅳ．①G635．16
中国版本图书馆 CIP 数据核字（2012）第 134401 号

教师职业素养与发展规划

优秀教师必备的综合素养

YOUXIUJIAOSHIBIBEIDEZONGHESUYANG

编著/孔德生　卢明铁
责任编辑/高冰若
封面设计/小徐书装
出版发行/吉林文史出版社
地址/长春市福祉大路5788号
邮编/130118
网址/www. jlws. com. cn
印刷/三河市燕春印务有限公司
开本/710mm×1000mm　1/16
印张/14　**字数**/152 千字
版次/2012 年 12 月第 1 版　2021 年 6 月第 3 次印刷
书号/ISBN 978－7－5472－1083－3
定价/39. 80 元

前　言

学校教育是个人一生所受教育之中最重要的部分，个人将在学校里接受计划性的训练，系统地学习文化知识和道德规范。从某种意义上讲，学校教育决定着个人社会化的水平，是个体社会化的重要基地。在知识经济时代，学校教育越来越受重视，并在社会中发挥着举足轻重的不可替代的作用。作为学校教育的主体，教师承担着培养人、教育人的职责，担负着传授知识、传承文明、培养人才、提高民族素质的光荣而艰巨的历史使命，被人们称为“人类灵魂的工程师”。著名教育家苏霍姆林斯基说过：“教育是人和人心灵上最微妙的相互接触。”也就是说，教师会对学生产生十分深远而至关重要的影响，而这种影响是“任何教科书、任何道德箴言、任何惩罚制度和奖励制度都不能代替的一种教育力量”。毫不夸张地讲，教师的学识和品德，直接决定着教育对象即广大学生的学识和品德，甚或决定着学生最终能否成人成才。由此可见，教师素养的极端重要性，和提高教师素养的极端必要性。

教师的职业由来已久，历经千百年的历史演进发展到今天。有史以来，教师一直具有较好的美誉度，是儒雅的代名词、智慧的象征、文明的使者。在当今时代，教师也因收入增高、职业稳定、附加值升高、地位明显提升等要素而较之过去任何时代都具有了更高的知名度。但社会给予你的优厚回报与其对你提出的严格要求是成正比的。作为优秀教师，其社会定位已不是一般意义上的“学高为师，身正为范”，而至少要达到“五做”，即“做学生学习的促进者、做学生灵魂的塑造者、做学生美好人生的导航者、做智慧的管理者、做快乐的教育者”，其标准更高，要求更严。

建国以来，我国教师队伍素质明显提高，特别是改革开放30多年来，教师队伍的学历层次和教学水平等层面更是实现了跨越式大发展。但是，实话实说，在21世纪的今天，在现实生活中，由于主客观多种要素的综合作用，教师队伍的整体素养方面仍存在着许多缺憾，比如外在形式上的职业倦怠、学养不厚、金钱至上等不良表现，而从内在本质上讲就是教师队伍整体素质还不够高、能力还不够强、师德还不够彰显。为此，有必要进一步廓清教师综合素养的基本内涵和时代特征，采取得力措施重新打造教师队伍，使之真正成为一支政治强、品德优、业务精、作风正、纪律严的培养中国特色社会主义现代化建设事业合格接班人的主力军。

具体而言，优秀教师的综合素养，主要体现为基本素质、工作能力、职业道德等。其中，过硬的基本素质包括思想素质、政治素质、科学素质、文化素质、道德素质、业务素质、身体素质、心理素质、人文素质、礼仪素质、审美素质、法律素质等。超常的工作能力包括教学能力、科研能力、组织能力、宣传能力、写作能力、逻辑能力、表达能力、管理能力、沟通能力、调控能力、社交能力、创新能力等。高尚的职业道德包括敬业、奉献、淡泊、博爱、尊重、博学、诚信、宽容、公正、正气等。

本书从教师的社会排位入手，着眼于科学发展的宏远目标，重在探讨优秀教师所应必备的包括基本素质、工作能力和师德修养等要素在内的综合素养，同时针对教师群体在如上三大方面存在的缺失，提出了切实提高教师学习力、思想力、创造力、调适力、意志力、领导力、执行力等一系列修炼提升方略。

衷心感谢吉林文史出版社的相关工作员的高度信任和大力帮助，使我们得以承担并顺利完成教师继续教育大型丛书之一《优秀教师必备的综合素养》的编写工作。在本书写作过程中，我们参考了许多文献，并摘引了相关著作、报刊文章和网站专栏上的部分内容，特此说明，并对出版者和作者深致谢意。由于时间仓促，加之水平所限，不足之处在所难免，敬请读者批评指正。

目录

/ 教师的社会定位

人们常说“教师是人类灵魂的工程师”、“辛勤的园丁”，其实这只是对教师工作的肯定，对教师所肩负的神圣使命的赞美。

教师是教育理论的创造者和验证者。每个学校都有各自的特点，在办学过程中会产生各自的问题，每个教师面对的是不同的班级，不同的学生和不同的教学内容，在施教过程中会产生各不相同的问题，所以教师是学校教育、教学问题研究的主体。教师在教育实践中获得了大量第一手珍贵的资料和经验，从资料中分析、在经验中反思。所以，教师可能成为教育理论的创造者和验证者。

教师是教育成果的享受者与开拓者。传统上人们对教师的要求是春蚕、是蜡烛、是园丁，教师的生命价值体现在学生身上，教师只有付出没有索取。但教师是人，而不是神，教师的知识和学生的知识不是一桶水和一杯水的关系，教师的知识应该是一条流动着的溪，是一口喷涌而出的甘泉。教师必须不断更新知识、丰富知识、扩大视野、增加内存，共享现代精神文明与物质文明的成果，才能适应教育改革的要求和自身精神生活的需要。这就要求教师学好心理学、教育学，掌握学生身心发展的规律和特点，做学生心理健康的保健医。懂得营养卫生知识，以及学生常见病的预防与治疗知识，在学生的生活中给予全面的关心和照顾，促使学生身心健康发展。所以教师是教育成

果的享受者。

教师是传播爱心的使者。有人说："如果一个教师把热爱教育和热爱学生结合起来，他就是一个完美的教师。"爱是打开心扉的钥匙，但热爱学生并不是一件容易的事，让学生体会到老师对他们的爱更困难。教师应当把他的爱无私地奉献给全体学生。一个教师只有对自己的学生充满执着的爱，才能激发出做好这一工作的高度责任感，才能坚定不移地辛勤耕耘，才能去关心他们的成长，才能去教书育人，才能尊重学生人格、引导学生成才。学生只有切实地感到老师是在诚心诚意地爱护自己，关心自己，帮助自己，才会对你产生欢迎的倾向，喜欢接近你，并心悦诚服地接受你的教育和指导。反之，如果他们没有感觉到你有爱生之心，他们就会在情感上对你采取冷漠、猜疑、反感甚至抵触的消极态度，那样的话，无论你怎样苦口婆心，他们也不会接受。所以具有爱心，是教师取得教育成果的极为重要的前提，对学生爱之愈深，教育效果愈好。

教师是学生心灵的朋友。传统的教育中，教师是组织者、领导者、传授者，师生之间不平等，知识由教师单向传输给学生。在现代教学和研究性学习中，师生是互动的，在学术上，老师的优势是有限的，甚至毫无优势，教师的角色应该是学生学习活动的组织者、管理者、参与者、协作者。若想教育好学生，教师应该做学生的知心朋友。教师应该放下架子，深入到学生中，参加学生的活动和学生多交流，了解学生的家庭状况和心理特征，并做好家访工作。根据每个学生的不同性格特点以及家庭情况进行谈心和教育。充分地相信学生，尊重学生，把学生真正当成学习的主体。只有教师把学生当作知心朋友，教师才能自觉去营造一种民主、宽松、开放、自由和包容的创造性环境，才能使对学生的教育收到良好的效果。

教师是学生人生航船的导航者。现实社会良莠不齐，青年学生正是世界观、人生观和价值观的形成时期，若不正确引导，可能迷失方向。教师是塑造人类灵魂的工程师，应具有十分强烈的质量意识，要真正在培养学生高尚情操、塑造学生美好心灵方面下功夫。教师应对学生身心健康发展具有高度责任感。目前独生子女多，父母、长辈溺爱多，造成多数孩子劳动观念差，怕脏、怕累，爱花零钱，比吃、比穿，生活自理能力差。这就要求教师在学校活动中帮助他们克服自身弱点，在家长配合下，养成良好的行为习惯。在互联网时代，教师要带领学生走上信息高速公路，去领略网络世界的“风景”，但若缺乏引导，可能带来灾难。但这需要多方面、长时期的严格要求、严格训练和严格管理，由浅入深、由易到难、循序渐进，只有这样，才能收到良好的教育效果。

教师是学生行为的楷模。教师担任教书育人的重任，只有品德高尚、知识渊博的人才能作为人师，所谓“学高为师，身正为范”，“以德育人”。教师不仅是知识的传授者，还是思想教育者和道德示范者。我国春秋时期的大教育家孔子说：“其身正，不令则从，其身不正，虽令不从”。我国汉代哲学家扬雄说：“师者，人之模范也”。教师不仅要有这种做人的威望，人格的力量，令学生所敬佩，还要以最佳的思想境界，精神状态和行为表现，积极地影响和教育学生，使他们健康成长。教师应把言传和身教完美结合起来，以身作则，行为示范；热爱学生，关心学生，建立平等的师生关系；仪表端庄、举止文雅，以自己的言行和人格魅力来影响学生。教师的人格力量来自于教学水平和道德情操的完美统一，在知识、语言上、行为上成为学生学习的榜样。在任何情况下都不能做有损于人民教师形象的事情。[1]

/ 教师职业的历史演进 /

中国最早的教师当属孔子，他也是最伟大的教师，三千弟子，七十二圣贤，用“桃

[1] http://zhidao.eact.com.cn/question/9ea0e997ade585b3e99481e59bbd7a62318a00

李满天下”来形容一点也不为过。

据历史专家考证，早在汉代时期，教师开始与天、地、君、亲并称，成为祭祀的对象。在宋代，程朱理学开始盛行，人们对教师尊敬如父无异，“程门立雪”的故事就广为流传。在明朝，民间崇拜“天地君亲师”的现象已经非常普遍。清朝雍正初年，第一次以帝王和国家的名义，确定“天地君亲师”的次序，其中，特别突出了“师”的地位和作用。到了民国时期，“天地君亲师”又衍变出“天地国亲师”和“天地圣亲师”两种形式。但不管怎么说，教师始终排在第五位。教师在封建时代的“福布斯”排行榜上能挤进前五强，真可谓风光无限。在旧社会，人们对教师有一种文雅的称呼，叫“先生”。教书先生，往往就是文化人的象征。孩子上私塾，先是拜孔子，接着拜先生。

然而教师的神圣地位逐渐开始有些动摇。“五四”时期，激进的青年们喊出了“打倒孔家店”的口号，孔子被请下了圣坛。到了新中国，准确地说，到了“文革”期间，教师忽然有了一个尴尬的绰号——“臭老九”。据说，这本是毛主席送给知识分子的一顶桂冠，后来一不小心成了教师的专利。在上个世纪六七十年代，教师的地位一落千丈，经常挨斗，成为一群丧失尊严的人。直到“文革”结束很多年后，“老九”的命运仍没能改变。贾平凹在《废都》里就写了一段另类民谣：“一类人是公仆，高高在上享清福。二类人搞承包，吃喝嫖赌全报销……九类人是教员，海参鱿鱼认不全。”也有人打趣地说，“当老师的不变态早晚也得发疯！起得比鸡还早，睡得比小姐还晚，责任比主席还大，吃得比猪还糟，态度比孙子还好，名声比汉奸还差，赚得比民工还少。”真可谓对教师的讽刺到了极点。

不过，时代总是在进步。1985年，政府把每年的9月10日定为教师节。教师一夜之间变成了“人类灵魂的工程师”，教育成了“太阳底下最光辉的事业”，“春蚕”、“蜡烛”的称谓代替了“臭老九”。近些年，关于教师，政府又出台了一系列令人瞩目的政策，比如1993年10月31日第八届全国人民代表大会常务委员会第四次会议通过的《中华人民共和国教师法》的第六章第二十五条规定：教师的平均工资水平应当不低于或者高于国家公务员的平均工资水平。1986年4月12日第六届全国人民代表大会第四次会议通过，2006年6月29日第十届全国人民代表大会常务委员会第二十二次会议修订的《中华人民共和国义务教育法》第四章第三十一条中再次规定了：教师的平均工资水平应当不低于当地公务员的平均工资水平。同时也规定教师有批评学生的权利等等。而且，随着社会的发展和需求，家长和学生越来越重视学业的成功和学习的进步，因此，对教育的重视和对教师的尊重也空前提升。与此同时，沉睡了大半个世纪的孔子，又伸伸懒腰站了起来，被“于丹们”重新抬上了圣坛。种种迹象表明，教师的地位有了改善，教师身上的光环再次降临，教师这一职业再次受到了社会的广泛关注。[1]

/ 教师的社会排位 /

在本世纪初，一份报纸上曾刊登过一份调查报告，对中国教师的工资待遇和社会地位进行了调查，文章内容提到：当时，中国教师的工资待遇在世界上居第170余位，仅比一些非洲国家或像阿富汗这样的国家高；社会地位，在世界上排名倒数第二！乍一看到这个消息，我的心诚然抖了一下。然而细想下来，却也不无道理。我们先与国内的低收入人群做横向比较。在国内，还有哪些人收入比教师低？我想可以列举的人群恐怕只有下岗未再就业工人、城市无业人员，以及流浪汉了。

职业不仅仅是一个人的饭碗，也是一个人的阶层名片。每个人都希望给自己找到一张又炫又好的名片，最令人向往的职业是什么呢？“我长大了想当医生，我长大了

[1] 全国中小学教师继续教育网论坛：教师职业排行第几？

想当老师，我长大了想当军人……”这些儿时的理想，想必很多人都有过。尤其是对于70年代末和80年代初出生的人来说，科学家、教师、医生，是他们心目中最崇高的职业。

目前，随着时代的进步、社会的发展和国家政府的重视，社会上对教师职业的肯定日益提高。2010年11月26日，中国科协公布了“中国公民科学素养调查结果”，其中教师、科学家、医生，排在声望最好的职业前三位，排名倒数后四位的分别是艺术家、记者、律师和运动员。中国科协科普部部长杨文志认为，这个排名和其他很多国家是一致的。教师“教书育人，为人师表”，这是千百年来留下来的古训；教师是人类科学文化知识的传播者，是教育工作的组织者和实施者，这是社会对教师的肯定；教师肩负着传道、授业、解惑的重任，教师是人类灵魂的工程师，教师是园丁，这是党和政府对教师的评价。教师在传播科学文化知识和促进精神文明建设，在发展党的教育事业，贯彻党的教育方针，保证学校教育教学正确的政治方向，培养社会主义建设事业的合格接班人等方面，都有着其他任何群体都无法替代的作用。而能否正确认识教师职业的地位和作用是直接关系到科教兴国战略能否落到实处，和现代化建设事业成败的大问题。温家宝总理说，一个国家有没有前途，很大程度上取决于这个国家重视不重视教育；一个国家重视不重视教育，首先要看教师的社会地位。随着国家和社会对教师职业的重视，教师工作的积极性空前提高，社会对教师职业的评价也越来越高，这在客观上提高了教师职业的美誉度和知名度，使教师这一职业越来越受到更多人的青睐。

我们要继续发扬中华民族尊师重教的优良传统，不断提高教师的地位和生活待遇，把广大教师的积极性、主动性、创造性更好地发挥出来。各级政府都要真正关心和支持教育工作，积极改善教师的工作和生活条件。中小学教师非常重要，要像尊重大学教授一样尊重中小学教师。要大力宣传教育战线的先进事迹，营造良好的舆论氛围，让尊师重教蔚然成风，让教师成为全社会最受人尊敬、最值得羡慕的职业，也使教师能更有热情地投入到教育教学当中去。

教师赞

九月天高云淡，九月稻谷飘香。九月硕果累累，九月笑语绵绵。

人类灵魂的工程师，世界文明的雕刻家——老师，多么神圣而高尚的名字，多么纯洁而朴实的职业。在九月这个清风飒爽的收获季节里，又迎来了您的节日——教师节。在这里我谨代表全体同学向辛勤耕耘在教育这片热土上的所有老师道一声节日快乐，你们辛苦了！

教师是人生引路者。亲其师，信其道。教师是对我们一生事业影响最大的人之一。教师的一句话往往会坚定我们为一项事业奋斗终生的信念，教师一次偶然的提示有可能点亮了我们对某一领域兴趣的火花。

一位北京大学化学系的老教授曾深有感触地回忆说，对他一生影响最大的是他的一位中学老师。直到今天指导他研究课题的思维方法，仍然是他中学时代的那位老师曾说过的那一句至理名言——“做人，要诚实；做题，不怕做不出，就怕瞎做。”是那位老师的这句话使他走上了学术研究教书育人的教育事业。

老师是我们成长道路上的第一人生榜样。

教师是心灵塑造者。在处于成长期的学生的心灵里，教师是任何力量都不能代替的最灿烂的阳光。教师的人格魅力乃至一言一行、一举一动都会在学生的心灵深处留下难以磨灭的痕迹，时时刻刻起着耳濡目染、潜移默化的作用。

正如教育家加里宁所说，教育者影响受教育者的不仅是所教的某些知识，而且还有他的行为、生活方式以及对日常生活的态度。教师不仅是用自己的学识教人，而且是用自

己的品格影响学生；不仅用语言去传授知识，而且还用自己的灵魂去感化学生和塑造学生的心灵。

教师是无悔奉献者。对教师的职业，人们有着数不清的赞誉："教师是蜡烛，照亮别人，燃烧自己"，"教师是铺路石，粉碎自己，平坦人生"，"教师是春蚕"，"教师是孺子牛"等等。

教师有一个充满关爱、热情大度的胸怀。他们把奉献作为自己的快乐，把给予作为自己最大的幸福。教师像太阳一样为学生播撒光和热，使学生变得强健有力、自强自立、努力完成自身生命的追求。

教师是时代推动者。在当今知识经济时代，建设社会主义市场经济，教师是不可缺少的推动者。教师们在课堂上循循善诱的教导，使青年学子们明晰了时代发展的要求，掌握了新的理论并成为坚定的时代理论的实践者。新的时代，是教师推动了信息时代的真正实现，是教师引领我们进入了这个时代的殿堂，是教师让我们拥有了畅游信息时代的金钥匙。

我们纵然列出十个理由，也道不尽对教师的一片敬佩之情，也说不尽我们对教师的爱。

教师！我们最亲切的称呼！教师！我们最值得尊敬的人！

春风化雨育桃李，甘为人梯翼云天。

三尺讲台通四海，一支粉笔书华年。

书山有路篝火燃，学海无涯照航船。

才华聚凝三尺案，祖国腾飞谱新篇。[1]

[1] http://www.thjy.org/lusuzhen/Article/633245886836718750.aspx.

/ 优秀教师的标准要求 /

任何一位教师都想成为优秀教师，这是他们不懈的追求。那何谓优秀呢？这是一个仁者见仁智者见智的问题。不同的时代都有不同时代的标准，我们这个时代也有我们这个时代的标准。什么样的教师才算是优秀的教师呢？赵国忠在《优秀教师最重要的标准》中论述了优秀教师的五个标准：做学生学习的促进者、做学生灵魂的塑造者、做学生美好人生的导航者、做智慧的管理者、做快乐的教育者。

第一要做学生学习的促进者。著名教育家罗杰斯曾经说过："教师必须是促进学生自主学习的促进者，而不是传统的只注重'教'的教师。"优秀教师不仅要善于教学生知识和技能，更为关键的是要教会学生学习知识和技能的能力，在教学中形成自己的教学风格，用自己的教法学法感染学生，示范给学生，逐步培养学生的学习能力。

第二要做学生灵魂的塑造者。教育是一个灵魂唤醒一个灵魂、一个灵魂塑造一个灵魂的伟大事业。教师是塑造人类灵魂的工程师，优秀的教师不会只关心学生的学习情况，更应该注重学生品行的陶熔。为人师表，教师要有高尚的人格，以德服人，用智慧和品德感染学生。积极地深入生活，发现美、追寻美、创造美，并把美引入课堂、引入学生的心灵，塑造出学生高尚的灵魂。

第三要做学生美好人生的导航者。教师不仅是课堂教学的设计者和"导演"，教师更是学生美好人生的导航者。教育虽然具有迟效性，很多教育的价值不易被短时间认可和接受，但作为优秀教师一定要坚持自己的教育理念，要为学生长远的发展着想，善于引导学生活出有激情的生命，展现出青春的活力。当然教师要对教师这份职业充满激情，在教学过程中适时进行"点拨"和"总结"，将生命教育、人生教育渗透到教育教学的各个环节，教育学生珍视生命，自觉树立正确的人生观、价值观。

第四要做智慧的管理者。在教师日常的教育管理中，我们通常只是把事情处理完为目的，很少去追溯事情的根源，很少去深入分析事情的本质。因此，要想做一个聪

明的教师、一个智慧的管理者，就需要改变我们的思维方式，改“灭火”为“防火”，改“教育”为“激励”，这样才能营造出和谐、高效的氛围，才能充分激发学生的学习潜能。

第五要做快乐的教育者。著名教育家斯宾塞认为：“教育应该是快乐的，教育的目的是让孩子成为一个快乐的人，教育的手段和方法也应该是快乐的。”那么，在快乐教育中，教师作为教育者首先必须是快乐的。一个快乐的人，看孩子时，更多是的看到他的优点，而一个不快乐的人看到的更多是孩子的缺点。

要成为一名优秀的教师，首先要发自内心地去做一名教师，把成为优秀教师作为理想，要热爱教育、热爱教师工作，对此有足够的热情和兴趣。只有内心想做一名优秀的教师，而不是怀有功利性的目的，才能激发出教师更大的潜力。[1]

[1] http://wenku.baidu.com/view/36a3beabdd3383c4bb4cd2c2.html.

过硬的基本素质

我们的国家需要素质型的人才，我们的教育也在逐渐地由应试教育向素质教育过渡，而素质教育的实施者是教师，素质教育的好坏主要取决于教师素质的高低。只有教师具备高素质才能教育出高素质的学生。

思想素质

教师的思想素质主要是指教师的政治态度、思想品质和工作作风。它包括辩证唯物主义和历史唯物主义世界观、为共产主义事业奋斗终生的人生观、强烈的事业心、克服困难的坚强意志以及高尚的情操和远大的理想等。思想素质是教师的重要素质之一，在教师素质体系中居于主导地位，它是衡量教师是否合格的重要标准。

教师要提高思想素质的原因

思想素质是教师的精神支柱，决定着教师的政治信念和宗旨，制约教师的道德规范，影响着教师工作态度和工作热情及自身能力的形成与发展，对教师的科学文化素质及专业技术素质以及身心素质具有一定的影响。

高尚的思想素质对教师的发展具有积极作用

高尚的思想素质将为科学文化素质及专业技术素质的提高指明正确的方向和科学的途径。它有助于人的全面发展，有助于教师其他素质的提高和完善，能够激发人们的社会主义主人翁精神和献身精神。在广大教师队伍中，成千上万的教师把自己的知识和才能献给了教育事业，十几年如一日，辛勤耕耘，赢得了事业上的成功。虽然他们的工作不是轰轰烈烈的事业，虽然他们劳动的成果不直接表现为物质财富，但社会财富中却凝结着他们的劳动、心血和美好的追求。

教师思想素质的好坏将影响教师业务发展的方向

教师的思想素质决定着职业责任感如何、职业态度和职业道德水准怎样。思想素质较差的教师，就可能置育人重任而不顾，虽有较好的科学文化素质和专业技术素质，却“待价而沽”，不能尽心竭力地搞好教学工作。思想素质好的教师，则把教书育人看作是国家建设的重要组成部分，以高度的政治热情，积极负责地从事着平凡而艰苦的教育工作。目前教育正在逐步深入，传统的教学内容、方法和手段已不能适应新技术革命发展的需要，更不适应大力发展教育的需要，教师的科学文化素质、专业技术素质也必然会出现不适应的情况。这就需要每个教师自觉地把“热点”调整到为社会主义现代化建设服务上来，不断调整自己的素质结构。

教师的思想素质还会影响学生品德的形成与发展

学生思想品德的形成与发展来自家庭、学校和社会这三个方面。在这三者中，教师的作用居于首位。学生从入学到走上社会，其思想、文化和专业方向的发展主要是在教师的培养教育下形成的。实践证明，学生在面临人生的重大选择时，都离不开教师的指导和鼓励，教师是学生政治道路选择的指路人。教师思想素质对学生的重要影响作用还表现在能及时对学生错误思想和不良言行进行批评和疏导。学生在成长的过程中，会受到来自社会各方面的不良思想的影响。思想素质较好的教师，则能凭借自己的政治敏感和较高的思想觉悟，及时发现学生中某些不正确的思想表现或倾向，及时加以修正，为其指出正确的思想方向。所以，学生好的品德的形成是与教师高尚的思想素质分不开的。

教师应怎样加强思想修养 ／

树立科学的世界观和方法论

科学的世界观包括辩证唯物主义和历史唯物主义，它是我们做好实际工作的认识论和方法论。要树立科学世界观和方法论，必须学习和掌握马克思主义的立场、观点和方法，提高认识世界和改造世界的能力，才能坚定共产主义信念，才能增强执行党的路线、方针、政策的自觉性，才能做到一切从实际出发，实事求是，解决实际工作中出现的新情况、新问题，妥善处理教学工作中的各种矛盾，掌握教学技巧，提高教学水平，做好本职工作，有利于学生的发展。

树立共产主义理想

树立共产主义理想是教师思想素质的核心内容，也是实现教育目的、完成教育任务的重要条件。共产主义是一个伟大的历史时期，我们不但要有坚定的共产主义信仰，而且要把这一信仰变成自觉的行动。在教学活动中，应自觉地对学生施加共产主义思想影响，用共产主义的理想把他们培养成共产主义事业的接班人。同时要让他们明确，共产主义是全人类的最高理想，是人类的终极目标，而且也是一定能够实现的。

坚持四项基本原则

四项基本原则包括坚持社会主义道路、坚持人民民主专政、坚持中国共产党的领

导、坚持马列主义、毛泽东思想这四项基本原则，它是我们党从长期的革命斗争中得出的历史结论，是进行社会主义现代化建设的基本前提和根本保证，四项基本原则是立国之本。坚持四项基本原则是全国人民共同的政治原则，也是教师思想素质的重要内容。教师必须自觉地坚持四项基本原则。首先，必须按照“有理想、有道德、有文化、有纪律”的要求，用共产主义思想培养一代新人。其次，教师在教育教学中，应自觉地向学生宣传党的路线、方针、政策，教育学生坚信党的领导，坚持走社会主义道路，坚持用科学发展观指引行为。要使学生懂得，我国社会主义现代化建设所取得的一切成就，都是中国共产党正确领导的结果。教师要努力成为四项基本原则的坚定捍卫者，党的基本路线的自觉执行者。

树立爱国主义思想情感

爱国主义是人们对自己祖国的浓厚情感，是民族振兴之魂，是对祖国的深厚情感和为国英勇献身精神的统一。爱国主义主要表现为对祖国的山河、人民，对祖国的物质财富和精神财富的无限热爱，对祖国历史和优秀传统的无限热爱，具有强烈的民族自尊心、自信心和高度的责任感，把个人的前途同祖国的前途命运紧密地联系在一起，为祖国的富强而拼搏。

作为当代教师应该以振兴中华为己任，把自己的命运同祖国的命运、民族的命运紧密联系在一起，树立报国大志，致力于效国之行，把对祖国和人民的爱，体现在自己教育教学工作之中，以满腔热忱去教书育人，为国家和社会培养现代人才。同时，应把强烈的爱国之情融化为坚定的历史责任感和强烈的事业心，倾注全部身心做好教育教学工作。按照事业的实际需要，认真学习、刻苦钻研，在困难和挫折面前，具有开阔的胸襟和坚韧不拔的毅力。以艰苦奋斗、顽强拼搏的精神，多出成绩，报效祖国。这也是每一位新时期优秀教师的必备素质。

坚持真理，积极投身改革开放

教师应在科学领域中，坚定不移地坚持真理；在教育教学中，向学生传播真理，帮助他们辨别真伪，培养尊重真理、尊重科学的良好品格；在教学实践中，大胆探索、大胆创新，不断发现真理，发展真理。

改革开放是强国之路。教师还应积极投身于改革开放之中，紧跟新技术革命的发展，继往开来，开拓进取，教书育人，不断更新教学内容，改进教学方法，丰富发展各门科学体系，从而对教育规律的认识更加深刻。在开放的大环境中，积极吸收他人、他国的先进经验，为我所用，服务国家。

总之，要成为一名合格教师，就必须加强思想修养，培养良好的思想素质，时刻把祖国前途命运与自己的本职工作结合起来，明确和强化自己的责任感，自觉地坚持四项基本原则，自觉地担负起自己应负的责任，精通自己的业务，在本职岗位上辛勤劳动，为培养适应现代化建设需要的人才做出贡献，真正做到以天下为己任。

/ 文化素质 /

文化素质是指教师从事教育教学工作的最基本素质。爱因斯坦曾经说过："用专业知识教育人是不够的，通过专业教育，他可成为一个有用的工具，但不能成为和谐发展的人。"因此说教师的专业知识不但要深厚，同时还应了解和熟悉相关学科的基础知识和基本技能，具有广博的社会科学及相关的新兴学科知识，使自己拥有丰富的文化素质，并且要不断更新补充，以满足学生旺盛的求知欲。"要给学生一滴水，自己就要有一杯水、一桶水，甚至是自来水。"只有博览广博的知识，完善自己的认知结构，才能适应素质教育的需要。

教育事业是开发青少年一代智能资源的事业，开发智能，实现教育目标，主要是借助传

授科学文化知识和掌握基本技能来实现的。而教师是“科学知识传递者”，因此，教师科学文化素质的优劣，智能水平的高低，直接关系到学校的教学质量和教育目的的实现，影响着教师自身的学术水平和创新实践，影响着教师的行为示范作用。

向学生传授的专业知识和各门学科基础知识 /

这是一种“加工”性知识，即教师用以对学生“加工”的材料。根据与所任学科教学任务的关系的直接和间接程度，可再分为两小类。

本门学科的专业知识　对于任何职业，都存在着对本专业知识的起码要求，否则，就难以胜任本职工作。教师的主要工作是教学，教师在本门学科专业知识方面的要求应更高、更完整、更系统、更扎实。教师专业知识包括本体性知识、条件性知识、实践性知识和操作性知识。教师的本体性知识是指教师所具有的特定的学科知识；条件性知识是指教育学、心理学和教法等相关的教育心理方面的知识；实践性知识是指教师在面临实现有目的的行为中所具有的课堂情景知识以及与之相关的知识，具体地说，这种知识是教师教学经验的积累。

相关学科知识　教师的教学活动并不是固定在本门学科专业知识范围内类似“画地为牢”的活动，而是充满创造性的内容丰富的社会实践活动。第一，社会主义的教育目的要求全面发展的人。全面发展绝不是单方面发展，更不是单一的专业知识的获得；第二，教师面对的是知识来源广泛、求知欲旺盛的青少年，他们总是带着种种问题在知识领域孜孜寻觅。这些问题常常超出某些专业范围，甚至超出目前人们能够理解的范围；第三，知识本身是相关的，也是相辅相成的。但是，应该看到，在个体的知识接受可能性与客观知识的无限性之间存在着一条不可逾越的鸿沟。要求教师有尽可能广博的相关知识，是有限度的，也是有条件的。它必须以教师的本门学科的专业知识为生长基点，尽可能地向外伸延、拓展。作为教师，应该具备相关的学科知识，以使各学科相互渗透，相互作用，彼此促进，融会贯通。

教师必须要掌握教育学、心理学方面的知识 ／

心理学知识　具体包括：一是普通心理学知识。主要解决教师对人类一般心理现象和规律的认识。二是发展心理学知识。主要帮助教师认识儿童心理发展的轨迹，加强教育的针对性和不同阶段教育之间的连续性。三是教育心理学知识。主要用来提高教师教育活动的科学性。四是社会心理学知识。帮助教师领会教育活动中人与人之间心理关系的真谛，从而提高教育效果。这几个方面是相互关联的，又是相互独立的，它们一旦为教师掌握，就会在教育活动中发挥整体效应。

教育科学知识　教师掌握教育科学知识的主要目的在于提高教育活动的有效性。另外，也还有着发展教育科学的目的。综合而言，教师掌握教育科学知识的内容主要包括：一是教育哲学知识。着重解决教师对教育的一般认识，诸如教育的本质、价值以及一般的教育观。二是教育社会学知识。帮助教师认识教育与社会发展诸因素的关系和相互作用，认识教育内在活动中的社会因子的关系与作用。三是普通教育学知识。解决教师在实际工作中可能遇到的观念思想、方法等方面的问题。四是教育科学研究知识。主要包括教育测量、教育统计、教育实验和教育科研方法等方面知识。目的在于提高教师的科学素养和教育科研能力，最终达到提高全民族教育理论修养。

教师应掌握自然科学和人文科学 ／

现代科学发展出现了既分化又综合的趋势，各种学科相互渗透，相互结合，这就向教师提出更新的要求。教师只有把所学的知识融会贯通，才能给学生更好的讲解。教师应了解新知识、新技术。新世纪是信息社会，信息的迅速传播和电子技术广泛使

用，传统的教与学的内容已经不能适应。例如现在很多城市的教师已经摆脱了传统的书面备课的方法，将备课和课件制作在电脑上一并完成了。教师必须及时调整或更新自己的知识结构，了解高新技术的发展，站在高科学的前沿，才能引导学生在知识的海洋中遨游。教师还应有创新精神，以追求最科学的东西，勇于创新，奋发进取"，这是教师职业特点，也应该是一个教师应具备的科学文化素质。

胡锦涛同志指出："教师从事的是创造性工作。教师富有创新精神，才能培养出创新人才。"世界已进入科技飞速发展的时代，现代科技和现代社会发展的科学理论和学科知识在不断更新，教师只有追踪学科前沿，不断研究新问题、提出新见解，不断进行本专业领域的理论创新，才能站在学科前沿，引导学生学到最新的知识。

/ 道德素质 /

教师的道德素质是教师素质中一项十分重要的内容。教师道德素质的内容十分丰富，主要包括：对教育事业的献身精神；对教育工作的严谨态度；对教育对象爱的情感；教育观念不断更新发展的思想；教育者自身为人师表的行为。教师要不断学习，努力锻炼，培养和完善自己的道德素质。

爱岗敬业 ／

《中小学教师职业道德修养》指出：爱岗敬业精神是师德的核心内容。爱岗敬业作为教师职业道德的基本规范，是做好教育工作和履行其他教师道德规范的思想前提，教师只有具备了爱岗敬业精神，才能热爱学生，严谨治学，廉洁从教，为人师表，为祖国培养高素质的人才。爱岗敬业既是教师坚持为人民服务的宗旨，也是所有教师实现自我价值，获得个人满足，完成人格升华、实现个人利益的有效社会途径。因此，作为一名教师应把“爱岗敬业铸师魂”作为加强师德修养的一个重要主题，不断提高自身素质，才能适应时代需要，完成教书育人的重任。

情感上爱校爱教爱生　从情感上接纳自己所从事的职业，甚至是“迷恋”；能把自己的情感世界与教育的兴衰、学校的兴衰联系在一起，为教育之忧而忧，为教育之乐而乐。以校为家，把学生当儿女、兄弟姐妹。这种情感是爱岗敬业最根本的动力源泉。这种情感是内在的，也是持久的，不会因教师职业待遇的高低或条件的优劣而轻易波动。教师只有热爱自己所从事的职业，才能敬重自己的事业，并为之而自豪；热爱自己的本职工作，才可能以恭敬之心履行自己的职责，才能对学生、对事业严肃认真、专心致志、兢兢业业、恪尽职守。

理念上教书育人　教师对职业的爱心要在弄懂教育规律、思想方法和清醒头脑的前提下，否则这种爱就会盲目和没有方向。教师爱岗敬业体现在既要培养学生具有符合社会要求，适应时代发展的综合素质，又要开发学生潜能，使每个学生的个性得到发展。教师爱岗敬业不仅仅表现在关注学生的学习，千方百计提高学生的学习成绩上，更要体现在注意培养学生具有良好的思想品德上，体现在教学活动的教育性上，体现在关心学生的内心世界上。教师爱岗敬业不仅要教会学生做事，还要教会学生做人，要培养学生形成做事、做人应具备的良好品德。

态度上认真负责　中国古代著名思想家朱熹强调“敬业者，专心致志以事其业也。”教师对工作、对学生的态度是教师爱岗敬业的直接体现。教师工作的对象是人不是物，容不得半点疏忽。教育的影响触及心灵，容不得丝毫大意。教育过程中的任何轻率、差错和随意性都会给学生造成不良影响，因此教师的职业态度除“认真”二字，别无选择。具体来讲，教师在工作上要认真落实教学常规，决不敷衍了事，在行动

上，科学规范、遵规守纪、严以律己，为人师表。在学生面前，教师没有个人行为，教师的言行举止在学生的视野之中，教师应随时注意完善自己的职业形象。

爱岗敬业，一般分为乐业、敬业、勤业、精业等不同状态。乐业，是建立在对自己所从事的教师职业的积极态度、浓厚兴趣和深深热爱的情感基础上的。乐业的教师对教育工作、对学生由衷的喜爱，不计较待遇多少、地位高低，工作再苦再累是享受。他们为学生的每一点进步而兴奋，这属于情感型的爱岗者。敬业，是教师对其职业的理智思考基础上形成的积极态度。敬业型的教师出于对教师职业的性质、社会意义以及个人发展意义的认识，树立起自己的世界观、人生观、价值观。以认真、一丝不苟、作风严谨作为自己的工作准则，这属于理智型的爱岗者。勤业，体现了教师对工作的根本态度和履职程度，勤业的教师总是踏踏实实、勤勤恳恳、埋头苦干，尽职尽责地做好本职工作，这属于态度型的爱岗者。精业，就是要有扎实的教学教育基本功，并不断钻研，具有创造精神和创造能力，这属于创造型爱岗者。

教师爱岗敬业包括三种水平：一是师德的楷模水平。“春蚕到死丝方尽，蜡炬成灰泪始干。”这是教师师德的极高境界，他们全身心地投入教书育人事业，呕心沥血、乐此不疲，以桃李满天下作为自己的人生目标，以培养优秀人才为己任、忠于职守、默默耕耘、无私奉献、为人师表、以身作则、严于律己、锐意改革，成绩卓越，是他们师德境界的真实写照。有这样师德的教师人数虽不多，但在教师群体中影响较大、号召力强，起到先锋模范作用。二是师德的优秀水平。“衣带渐宽终不悔，为伊消得人憔悴。”这样的教师具有较高的师德水平。三是师德的基本水平。认认真真、勤勤恳恳。

总之，爱岗敬业体现着教师积极向上的人生观追求。兢兢业业做好本职工作，是每一位教师应有的人生态度，也是我们要求和教育学生努力的基础。我们应做到热爱教育、热爱自己的学校；热爱学生，建立良好师生关系；面向全体，促进学生全面发展；身正为范，塑造人格魅力。应把“爱岗敬业铸师魂”作为加强师德修养的一个重要主题，不断提高自身素质，才能适应时代需要，完成教书育人的重任。

爱学生 ／

教师对学生的爱，简称为“师爱”。师德是教师素质的灵魂，师爱是师德的灵魂，因此说师爱是教师魂中之魂。教师应该把整个心灵献给学生，而且要坚持一视同仁，将神圣的师爱均匀地洒向每个学生。享受教师的爱，是每个学生的需要，也是每个学生的权利，这是他们得以健康成长的阳光、空气和水。爱每一个学生就要了解每一个学生。了解他们的爱好、才能，了解他们的个性特点，了解他们的精神世界。只有了解每个学生的特点，才能引导他们成为有个性、有志向、有智慧的完整人。苏霍姆林斯基说得好，不了解学生、不了解他的智力发展，他的思想、兴趣、爱好、才能、禀赋、倾向就谈不上教育。

教师对学生的爱不是一种纯粹的情感过程，也不是一种纯粹的认识过程，有些人把它定义为一种情理相融的心理过程，一种严慈相济的心理特征。教师爱生是人类心灵一种完美与理想的象征。情感是师爱的前提。从早到晚教师与学生共同活动，上课时眼睛注视着他们的眼睛，与他们不时的沟通和交流。这些天然的、纯真的情感是教师爱学生的基础。理性是师爱的方向。没有爱就没有教育。但教师只有“爱”和“奉献”还远远不够，师爱还要求教师尊重学生、了解学生、理解学生，引导学生。这才是师爱的正确方向。情感与理性的融合是师爱实现共同教育功能的保证。即情理相融，严慈相济。教师要像对待自己孩子一样对待每一个学生。

师爱是双向交流，动情效应。爱生是教师与学生心理和谐共振的过程。学生得到教师的爱，也会激发出对教师的爱，反馈回去，形成爱的双向交流。这种动情效应会

产生良好的结果。学生会表现出自觉尊重教师的行动，十分愿意接近教师，希望与教师合作。这就是所谓的亲其师，随之而来的就是“信其道”。教师的教育影响很容易被学生同化，教师的要求学生心甘情愿地接受，教育的目标也正是在这种双向交流的过程中得以实现。爱心的双向交流更重要的效应还存在于它能使教师人格升华，激发出巨大的能量和潜能，使人变得伟大、完美。

师爱就意味着奉献。教师的爱更是一种只讲付出不计报酬，只讲学生不讲自身的充满奉献的爱。常怀奉献之心，时刻不忘肩负的使命。对学生的热爱、理解、尊重是教育成功必不可少的条件，但不是教育的最终目的。对学生的爱最终还要体现在为学生的未来负责，为民族的未来负责。也就是说，爱心是教育成功必不可少的条件，最终还要体现在为社会培养出人才。

教师的公正 ／

教师的公正是教师在教育活动中对待不同利益关系时所表现出来的公平和正义。教师在教育活动中所涉及的利益关系很多，比如：教师和学生之间的关系、教师集团的利益关系、教师自身的投入和教师的收入之间的关系，教师和学生家长之间的关系等。正确地对待和处理这些关系，就必须使用公正这条基本的伦理原则。

教师公正问题关系很大。教育是一个系统工程，需要方方面面协调和配合，在形成良好教育环境的过程中，教师对人对己的公正显得十分重要。假如教师能够公正地对待家长，做到尊重、理解、真诚地相互合作，就有利于形成良好的外在教育环境。假如教师能够公正地对待同事，做到团结协作，就有利于协调不同的教育职能而形成良好的教育氛围。

公正地对待学生是教师公正的重点。在一个群体中，总有优中差，假如教师不能做到公正，偏爱优生、歧视差生，就往往会造成教育教学秩序的混乱，不利于正常教育活动的开展，教师的公正决定着教师在学生中的威信，学生对教师公正的期望值相当高。教师公正与否与教师在学生心目中的形象息息相关。

教师的公正可以促进良好班级集体的形成，有利于调动全体学生学习的积极性。教师的不公正会使学生怀疑公正的合理性，而公正本身就是道德教育的重要内涵。长此以往，教师的不公正必将使学生的道德成长受到影响。教师的公正是教育公正的核心，教育公正是社会公正的重要组成部分。所以教师公正，可为实现社会公正做贡献。

教师公正的内容包括：一是教师自己对自己的自重。二是教师正确处理人际关系，包括和领导、同事、学生家长的关系。三是教师对学生的公正。要平等对待学生，爱护差生，一视同仁，实事求是，赏罚分明，因材施教。四是教师仁慈。教师的仁慈的核心体现在对学生仁慈施教上，突出表现在：其一，无条件的爱心；其二，高度的宽容和耐心。五是教师的义务。其一，教师的法律义务。教师法规定，教师应当履行下列义务：遵守宪法、法律和职业道德，为人师表；遵守规章制度、执行学校计划、履行教师聘约，完成教育教学任务；对学生进行宪法所确定的基本原则和爱国主义、民族团结的教育、法制教育以及思想品德、文化、科学技术教育，组织带领学生开展有益的社会活动；关心爱护学生、尊重学生人格、促进学生在品德、体质等方面发展；制止有害于学生的行为或者其他侵犯学生合法权益的行为，批评和抵制有害于学生健康成长的现象；不断提高思想政治觉悟和教育教学业务水平。其二，教师的道德义务。它包括一般道德义务和职业道德义务。一般道德义务指遵守承诺、扶贫济困、善待他人，见义勇为等。职业道德义务指依法执教、爱岗敬业、严谨治学、团结协作、尊重家长、廉洁从教、为人师表等。教师的职业道德简单地说就是教书育人，否则就是误人子弟。这五个方面就是我们建构教师职业道德素养的主要方面，全体教师特别是青年教师在

学业务的同时，要不断从以上五个方面加强职业道德修养，力争尽快成为一名有职业道德、有业务能力、成熟的教师。[1]

/ 业务素质 /

教师的业务素质必须具备一专多能，以适应素质教育的需要。教师必须有精深的专业造诣。要对于本学科的基本原理和整个体系了如指掌，并且要熟悉该学科的历史、现状及未来发展。随时吸收新信息，不断充实和更新自己的专业知识，提高业务水平。只有这样，才能合理、科学地处理和驾驭教材，并能运用自如地引导学生积极思维，向本学科的深度、广度进军。

教师不断提升自己业务素质的过程，就如同攀登一座风光秀美的山峰，眼前满目旖旎，脚下却尽是陡峭的险峰、曲折的道路。专家学者的及时指点与引领，可以让教师辨明前进的方向，获得上升的力量；氛围的营造与各类活动的开展，可以引导教师主动地发掘专业生活中的有利因素，促进专业素养的不断更新、发展。

学会反思，培养教师的自我反思能力 /

自古以来人们就具有反思意识。“扪心自问”、“学而不思则罔，思而不学则殆”、“吾日三省吾身”等都是反思的至理名言。叶谰教授说：“一个教师写一辈子教案不可能成为名师，如果一个教师写三年教学反思就有可能成为名师。”目前，“教师反思”的理念已经在实际工作中引起了很大的反响。许多教师认为，对自己的教育教学实践进行反思，更有助于自身素质的提高。但是，认识到位了，行动却难以到位。进行

[1] http://www.hsjy.gov.cn/qita/ShowArticle.asp?ArticleID=637

反思，许多教师感到比较困难。虽然有一些比较传统的做法，诸如写课后小结，但都是些空洞的客套话，似乎还不足以达成有效的目标。因此，我们可以从以下几方面来指导培养。

自我提问　自我提问是教师对自己的教学进行自我观察、自我监控、自我调节、自我评价后提出的一系列问题，以促进自我反思能力的提高。在教学中，将这种方法用于教学的全过程，如在设计教案时，可自我提问："学生已有哪些生活经验和知识储备"、"怎样依据《课程标准》和学生实际设计教案"等等，在教学中，会经常遇到一些意想不到的问题，即生成问题。这时，要求教师根据学生的反馈信息，进行自我反思"为什么出现这样的问题，我如何调整教学计划，采取怎样有效的措施进行课堂调控"，从而顺着学生的思路组织教学，确保教学过程沿着最佳的轨道运行。在教学后，教师可这样自我提问："我的教学是否有效"，"教学中是否有让自己惊喜的亮点"，"哪些环节还不够理想，有待改进"，"在今天的课堂教学中，给我印象最深的是什么？为什么？""我今天的教学中用了哪些方法评价学生的学习情况？这些方法好吗？为什么？""今天的教学对我明天的教学有何帮助和启发？"等。另外，"教学永远是一门缺憾的艺术"。学无止境，教无止境，备课要不断修改，教学得经常调整。而科学、有效的自我诊断可以帮助我们减少遗憾。因此，我们可以指导教师从教学问题的研究入手，挖掘隐藏在其背后的教学理念方面的种种问题，通过自我反思，找出"病因"，并对"病理"进行分析，重点分析影响教学有效性的各种教学观念，寻找解决问题的对策，以提高课堂教学效果。

案例研究　典型形象具有教育性，在我们的教育领域中，涌现了一批卓有成效的教育实践家，他们的教育教学思想、模式和方法具有很高的理论内涵，他们的成长过程体现了自我反思的价值，为教师提供了一个活生生的教育教学思想和方法的典范。

因此，在课堂教学案例研究中，我们应该首先了解当前教学的大背景，透彻理解《新课程标准》，在此基础上，通过阅读、课堂观摩、调查和访谈等收集典型的教学案例，然后对案例作多角度、全方位的解读，对课堂教学行为进行技术分析，根据案例中体现的教学理论、教学策略进行研讨，对案例涉及的教学理论问题进行诠释。当学生自主学习发生困难时，作为教学活动的组织者和引领者的教师，不能轻易地把帮助学生克服困难的责任推卸掉。教师、学生、文本之间的对话永远是一个动态生成的过程。只有关注学生的个体差异，抓住契机，教给方法，给予积极的启发和引导，才能真正使学生自主的感悟。虽然我们天天都在喊“关注学生的发展，关注学生的个体差异”，但在我们的课堂教学中，我们也都常常我行我素，很少考虑学生的需要，很少根据学生反馈的信息及时调整自己的教学。因此，我们就应该开展积极的案例研究，深入走进学生的生活，努力提高自身素质。

观摩研讨　“他山之石，可以攻玉。”组织教师观摩别人的课，并与他们进行交流。在观摩中，分析其他教师是怎样组织课堂教学的，他们为什么这样组织教学的；我的课堂教学环节和教学效果与他们相比，有什么不同，有什么相同；从他们的教学中我受到了哪些启发；如果我遇到偶发事件或生成问题，会如何处理……通过这样的反思分析，从他人的教学中得到启发，得到教益。在观摩分析的基础上，再进行讨论交流。教师间充分的对话交流，无论对群体的发展还是对个体的成长都是非常有益的。如一位教师在教学“平均分”时，设计了学生熟悉的生活情境：分桃子、分苹果、分香蕉等，在互动评课时，有的教师提出，仅围绕“吃”展开教学似乎有些局限性，事实上，在生活中还有许多东西可以进行分配，应该适当扩展教学知识设计面。这样开放的互动的研讨能够促进教师更有效地进行反思，促使教师把实践经验上升为理论。

善于总结　记得有一位专家说过这样的话：“一个教师教十年未必能成名师，但如果能坚持写十年的教学反思，则必成名师无疑。”这位专家的话当然有激励成分在内而不可全信，但也不无道理。近年来，做反思型的教师的呼声可谓一浪高过一浪，但是说起容易做起难，真正能反思善于反思的人恐怕不多。通过下校听课、检查备教改，发现一些青年教师能上出比较“有味道”的课，在平常的教学实践中有过不少成功的举措。但从他们备课本中的反思来看，太让人失望，你要是让他谈谈教学感受或整理成文，他们却常常大感为难，是因为他们口头或文字表达能力不佳吗？不是。是因为他们上完课没有“笔录”的良好习惯，以致都被时间“冲走”了。因此，我们可以要求教师在一节课结束或一天的教学任务完成后，静下心来细细想想，这节课总体设计是否恰当，教学环节是否合理，讲授内容是否清晰，教学手段的运用是否充分，重点、难点是否突出，今天我有哪些行为是正确的，哪些行为做得不够好，哪些地方需要调整修改，学生的积极性是否调动起来了，学生学得是否轻松快乐，我教得是否愉快，还有什么困惑等等，把这些想清楚，作一总结然后记反思日记，这样就为今后的教学提供了可借鉴的经验。经过长期积累，我们必将得到一笔宝贵的教学财富。但是，教师写完反思日记后，不能将其束之高阁，而要就自己的反思内容和看法与同事或研究者进行交流、探讨。同时，教师也应该有意识地搜集有特色的学生作业，精彩的教学设计片段，师生之间的对话，学生独辟蹊径的解题思路等。善于总结的教师才会是一个优秀的教师。

经常反思　有些教师素质偏低，自我反思不得要领，常常陷入消极反思的泥沼。反思的内容“大而空”，“百思不得其解”，处在困惑中的教师又对自己的行为作了错误的归因，将原因归结为：课改的外部环境不具备，没有成熟的经验可借鉴，学生素质较差，评价制度没改革；有的教师虽然发现了自己与优秀教师之间的差距，却找不到解决问题的办法，只好将产生这种差距的缘由归结为自己学校条件差，年老教师则以

年纪大，思维僵化为推托。这种抱怨环境、消极等待、被动应付的心态，不仅无助于教师自身的业务素质，而且会抑制教师研究的积极性。因此，我们可以要求全体教师从撰写教学札记做起，选取"小而实"的问题进行反思，然后沿着写教学反思日记，进行叙事研究，开展案例研究、课题研究，还给教师从事实践反思提供更多机会，让教师从自己的实际出发，提出各自关注的问题，发现问题就深思，找到经验就升华，使自我反思日常化、平易化、深刻化。

开展教研和科研工作，提高教师专业水平 ／

学校的中心工作是课堂教学，而课堂教学主要是学科教学，教研组是学科教学工作的直接管理单位，是教务工作主要依靠的对象，在学校管理中起着关键的不可替代的作用。

开展活动，发挥教研组阵地作用　在大力改革课堂教学的过程中，极少数教师不善于挖掘自身优势，盲目追随和套用别人的经验方法，片面地认为凡是出版了的教案，教学设计和教学经验都能取得最佳的教学效果。因此，他们往往不结合学生实际，随意套用，对教材不独立钻研，对教法的选择不精心筛选，造成盲目教学的现象。针对这种脱离学生实际，生搬硬套教案集的盲目做法，我们可以组织安排教师外出听课取经外，仍以教研组为主阵地，集中学习教学理论，结合教材，共同认真钻研、学习、讨论教案，研究如何把别人的教学经验转化为自己的教学方法，以形成自己的教学特色。

具体活动，一是设想演示。以教研组为"课堂"，每位教师既是教员，又是学员。人人当主角，轮流上讲台，分别演示同一教材或不同教材的教学设想。说教材，明确重点，制定教学目标；说学生，明确实际情况，确定重难点；说教法，说明采用什么方法为学生服务，以及练习的设计、板书的安排、教具的运用等。在演示课，大家畅所欲言，肯定成功的教法，找出解决疑难点的策略。这样，提高了教师钻研教材，独立备课能力，以及有效地组织课堂教学的能力。二是同教材异教。由教研组长选择教材，指定内容，指定课时，教研组教师集中各自备课。由青年教师任主角，选择2—3名教法不同的青年教师，带领自己班的学生分别进行上课。其余教师听课，记实录，写下听后的不同感受。然后集中评课，由上课老师说课，其他教师互评，评议这几堂课是否重视了知识与能力并重，学习与创造并重，智力因素与非智力因素并重；学生的主动性、自主性是否在课堂教学中得到体现，哪一种教法更切合学生实际，及时有效。通过比较、评议、择优，从而提高教师课堂教学的能力。

发挥作用，提高课题研究水平　为了能及时、准确地掌握教改动态，可以建立“中心教研组—年段教研组—实验教师”三级教科研网络，各层面明确职责，落实责任。其中，中心教研组负责指导和协调课题研究及检查评价与验收工作，组织学术讲座，进行理论指导。年段教研组负责调配实验班的各项工作，给予扶持，提供研究保障，组织实施课题研究，完善实验计划、方案，开展学术活动，撰写阶段总结与实验总结。实验教师具体落实和实施实验方案，撰写专题研究论文。

搞好课题研究，核心是使教研活动经常化制度化，因此每学期都要举行一次课题研究活动。在课题研究的各阶段末，可根据所定阶段研究目标，举行“三个一”活动（召开一次课题研究成果评比，召开一次课题研究信息交流会，上好每一节课题研究实验课）。

软化教研组边界，实现资源整合 /

实现教育优质资源均匀发展，全面提升质量，一线教师的观念转变起着决定的作用。学区教研组的建立考虑了校际之间的合理搭配，充分发挥各校之间的优势，最终

达到普通学校的发展。跨校教研，发挥了学区的地域功能，强化了校际联研，促进教师之间的交流，教师对周边学校有了一定的了解，开阔了教学研究的眼界，实现了学区人力资源的整合效益。[1]

/ 身体素质 /

近年来，教育部门在给教师体检发现，目前教师队伍的整体健康情况不容乐观。29.7%的教师患有脂肪肝；27%的教师患有高甘油三酯血症；13.3%的教师患有高血压和无症状血压偏高；10.3%的教师有糖尿病史和隐性血糖增高现象；19.5%的教师患有耳鼻喉方面的疾病，其中咽炎比较普遍；30%的教师出现神经衰弱现象，亚健康率可达到90%以上，年轻教师患老年病的越来越多。医学专家认为，出现这一情况的原因很多，但教师工作辛苦，压力大，参与体育锻炼的时间少等也是产生病因的一个重要方面，并建议教育工作者在干好本职工作的同时，加强身体锻炼至关重要。

俗话说“身体是革命的本钱”。身体素质是教师素质结构中的基本素质之一，是其他素质形成和发展的物质基础。教师的劳动是智力和体力的双重支出，要成为一位具备多方面素质的优秀教师，良好的身体素质是成就事业的最起码的条件。21世纪是一个竞争的时代，教师工作更是一个人才竞争的行业，没有一个良好的身体作保证，会导致一种“心有余而力不足”的情况，即使有再全面的科学文化素质也不能实现教书育人的目的。

身体素质的含义及其重要性 /

所谓身体素质就是指身体的基本情况，也是人体活动的一种能力，在劳动和生活

[1] http://www.anmai net/jxpj/main.htm.

中所表现出来的力量、速度、耐力及柔韧性等机能能力。健康的身体有助于精力充沛、心情舒畅地学习、工作和生活，健康的体魄不仅是个人的财富，也是社会的宝贵财富。正如毛泽东所言，体者，载知识之车，而寓道德之舍也。如果没有良好的身体素质做保证，一切优良的品质、知识、精神、志向和理想都会成为空中楼阁。徐特立先生也曾说过："一个人的身体，绝不是个人的，要把它看作是社会的宝贵财富，凡是有志为社会出力，为国家成大事的青年，一定要十分珍视自己的身体健康"。"健康是第一财富"，美国作家爱默森的这句名言，一语道破了身体健康的重要性。

良好的身体素质是教师成就事业的保障

有人认为，教师是很清闲的，教师站在讲台上只需要能说会道就行，风吹不到雨淋不到，一般的身体条件都会很好的。其实，这是他们对教师工作艰巨性和繁重性的不甚了解，因为教师劳动的对象、劳动的内容、劳动过程以及劳动的能力需求是复杂的。教师的工作对象是一群有感情、有理智、有自觉意识的社会人，是年龄特征不同、个性特点各异的一代青少年，他们来自四面八方、千家万户，每个学生就是一个特殊的世界，面对复杂的教育对象，教师如果没有高度的聪明才智，不经过大量艰苦细致的工作，不付出艰辛的劳动，是无法搞好教育教学工作的。教师既要教书又要育人；既要传授知识又要发展学生的智力、能力；既要使学生能承受社会发展提出的要求，又要学会与自然作斗争；有的时候，教师甚至既要当人师又要做人"父母"。这些复杂繁重的任务，都要求教师通过艰苦细致的教育去实现。学生既是主体，又是客体的双重性，使得教师劳动的成果、成败不只取决于教师作为教学活动主体的努力及其能力。同时，教师的教学还必须具备语言表达能力、板书能力、注意分配能力、设计创造能力、指导学生实验操作能力等。所有这些都对教师劳动构成了特殊的复杂性和艰巨性，身体健康才能有益于提高教育劳动的效果。如果没有一个良好的身体作保证，就

很难完成繁重的教学任务，承担不起教书育人的重任，也就不能更好地去从事社会主义现代化建设事业。所以说，良好的身体素质是教师成就事业的保证。

良好的身体素质有助于增强教师的挫折忍受力

由于教育情况的纷繁多变，工作对象的多样性、复杂性，教师在工作和生活中，难免要遇到各种挫折，特别是因其职业活动的特点，更容易产生一些心理冲突，导致心理挫折。教师的工作对象是青少年学生，他们还处于人生不成熟的阶段，其言语行动带有很大的情绪性，如果处理不好很容易引起教师的心理冲突造成心理挫折。很少一种职业像教师工作那样担任众多的角色，如知识讲解员、课堂管理员、政治思想工作者、领导者、父母形象、心理卫生工作者等等。教师作为一个具体的人，要承担如此众多的角色而且都要符合期待，有时难免会出现挫折。除此之外，工作安排欠妥，人际关系不良等等，都可能使教师产生挫折感。当然，一个教师在遇到挫折时能否正确对待，挫折忍受力程度如何，主要取决于其思想素质。但一个人的挫折忍受力与身体素质、心理素质不无关系。一般说来，强壮的人比病弱的人、心胸开阔的人比心胸狭窄的人更能忍受挫折，更能适应各种环境。健康的体魄有助于维持教师的心理平衡，提高教师心理挫折的忍受力。因此教师要提高挫折的忍受力，除了提高认识水平、培养自己的坦荡胸襟，还需要一个强健的身体。

良好的身体素质有利于开展各种教育活动

教育活动是一种开发学生智力、塑造学生美好心灵的高度自觉性劳动，这项劳动对教师工作的数量、质量和效果都提出了要求，要求教师从德、智、体、美、劳诸方面关心学生，这一切活动需要教师有强壮的体魄。尤其教师对学生具有示范性和带动性，特别是班主任与学生接触时间长，在学生心目中享有一定威望。如果能组织带动学生积极开展多种课外活动和体育锻炼，不仅有利于学生的身体健康，而且在一定程度上对学习也具有促进作用，还可以增强集体的内聚力。当然，这些活动都是在教师体质健壮的前提下才能进行。所以，教师身体素质的重要意义不仅局限于教师本身，更重要的是对学生的积极影响。教师具有健美的体格，掌握一定的运动要领以及田径、球类的规则和裁判法，有运动专长，可以得心应手地带动学生开展生动活泼的课外活动，可以给学生树立良好的形象，博得学生的拥戴。斯宾塞在《论教育》中曾说过："长期的身体毛病，使最光明的前途蒙上阴影，而强健的活力就使不幸的境迁也能放金光。"教师要培养学生身体好、学习好、工作好，做到德、智、体、美、劳全面发展，成为有理想、有道德、有文化、有纪律的合格接班人，必须从国家和人民的利益出发，以自身的健康体魄培养身心和谐发展的一代新人，以便将来更好地去从事社会主义现代化建设事业。

教师身体素质的新标准要求 ／

随着新世纪的到来，科学技术的发展突飞猛进，前景令人瞩目；与此同时，教师的现状和未来也引起了人们的极大关注。教师的素质是未来教育得以发展的关键，未来教育的质量主要看教师的素质。未来教师不但要知识渊博，而且要掌握最新的知识，有一个良好的知识结构和现代知识体系，要求教师成为"学习型"、"全能型"、"完整型"的教师，既会科学，又会研究，又了解生产；既是学者、教育者，又是决策者，具备社会需要的德、智、体、美、技、劳的高度和谐统一的综合素质。社会的发展对教师提出了更高的素质要求，而身体素质的提高是实现教师其他素质提高的根本保证。有关人士对山东、河南、江苏、浙江四省的中学生进行了"21世纪学生心目中的最理想教师的条件"的调查。在调查中发现，多数学生认为知识渊博，具有较高的文化、道德修养应占首位，比例约为53.8%；对教师具有良好身体素质的要求比过去增多了，比例提高到23.8%，尤其对班主任，很多学生希望他们能有健美的体格，并能掌握一定的田径、球类规则及打法，可以在课外积极参与学生的活动。这项调查也可以从侧面反映出良好的身体素质不仅对于教师个人有益，而且对于学生也具有巨大的号召力和感染力。

新世纪对教师身体素质的要求

一是身体健康、精力充沛、耐受力强。联合国卫生组织对人体“健康”曾下过定义，认为“健康”不但是没有身体缺陷和疾病，还要有完整的生理、心理状态和社会适应能力。未来社会的发展对教师提出了更高的要求，这就意味着教师的劳动将比以往更为辛苦和繁杂，所以没有健康的身体、旺盛充沛的精力作保证是难以胜任的。并且随着人类发展，人与人之间的交际交往日益增多，关系也会变得错综复杂，教师也不可避免地将面临更为复杂的社会问题：婚姻、家庭生活、学生升学、子女就业等等，都需要教师有充沛的精力去处理和对待。耐受力是指有机体长时间活动与疲劳作斗争的能力。耐受力表现在教师身上，就是看他对长期的教育教学实践活动的承受能力如何，教师坚持长时间备课、讲授、辅导的劳动强度很大，用脑程度也很大，很容易导致神经衰弱和心脑血管系统疾病，以至把身体拖垮。教师从容不迫地应付日常生活和工作压力，是以中枢神经系统的功能作为基础的。而只有在人体各部分机能健康、协调的发展中，在精力充沛的情况下，人的神经系统才能思维敏捷。因此，一个教师要想从容不迫地应付日常生活和工作的压力，必须保持精力充沛，具有较强的耐受力。

二是身体各部分发育良好、功能正常。身体各部分发育良好、功能正常，是教师身体健康的又一标志，也是对教师职业的最起码的要求，是21世纪的教师不可缺少的条件。它主要表现为：（1）耳聪目明，头脑灵活。耳聪目明对教师来说，有两个方面的含义：一是从身体素质方面要求教师具备较好的视听能力；二是要求教师要做到头脑清晰、目光敏锐，善辨弦外之音，不失时机地培养和提高自己的“看”、“听”艺术。耳聪目明，是教师的最一般的要求，是做教师的起码条件。一个视而不见、听而不闻的人是不能当教师的。眼睛是认识客观世界的重要感觉器官，有了正常的眼睛才能体察学生的音容笑貌，才能跟学生沟通感情、交流思想，才能更好地学习、工作和生活。头脑灵活主要指反应敏捷，具有较强的分析、综合能力。要像爱护自己的生命一样爱护自己的眼睛，教师在繁重的职业工作中，应从以下几方面注意用眼的卫生与保健：看书写字姿势要端正；连续看书写字1小时左右要休息片刻，向远处眺望一会儿；尽量不看印刷字体太小或字迹模糊的书报、讲义和杂志，并避免眼睛疲劳；看电视、电脑的时间也不要太长，电视亮度要适当；积极参加体育锻炼，注意营养和养成良好习惯；经常做视力检查。教师的听力素质在教学工作中的作用是不容忽视的，外界的一切声音信息都是通过耳朵传达到中枢神经的。因此教师离开了正常的听觉，将寸步难行，教师应像爱护自己的眼睛一样爱护自己的听力。（2）说话流利，声音洪亮。现代科学发展迅速，尤其是网络技术的发明，使网络授课已成为现实，学生不用每天集中在课堂听讲，可以在网中随时学习，这一授课方式在美国已受到欢迎。就我国而言，从现在到以后相当长的时间内，还不可能实现网络的普及。学生成长所需的科学文化知识，仍需教师用语言表达来完成，因此对教师的语言要求仍是相当重要的。如果一个教师上课时不能流利地运用语言来表达思想而结结巴巴，这对知识的传授及至学生智力的发展都是不利的。教师应特别注意对声带的保护，以便在教学中保持声音洪亮、悦耳动听。即使今后网络授课或远程教学，师生之间的交流，也需要教师流利的语言、洪亮的声音。根据专家研究，保护嗓子应注意下面几点：咽喉疾患是广大教师的职业病，教师应尤其重视喉部的健康，避免用嗓过度。讲课时，应该调控音量，不要大喊大叫，尽可能以腹腔运气，减少声带摩擦；要养成良好的饮食和作息习惯，保护嗓子健康。少吃或不吃生、冷、咸、辣、刺激性食物，戒烟戒酒；加强体育锻炼，增强抵御感冒等疾病的能力。一旦发现患有声带小结、声带息肉等症状，切莫疏忽大意，要及时诊治，以免误成大患。（3）应变能力强，能适应外界环境的各种变化。应变能力是人体表现出来的一种复杂素质，作为一个教师除具有渊博的知识、多元的能力之外，很重要的一点便是要具备反应敏捷、应变能力强的内在素质。新的时代已经来临，它向新世纪的教师提出挑战，要求教师思维敏捷、富有创新意识，并且新一代的学生比以往的学生更有思想、有情感、有个性，他们生机勃勃，天性活泼，处在不断的变化之中，教师作为教育过程中的主导者，应能迅速适应教育环境中的新情况，并对之采取果断的措施。教师要做到反应敏捷，应变能力强，才能适应外界环境的各种变化。从生理角度看，教师应变能力的强弱，主要取决于神经系统的功能，教师应努力增强体质，确保身心健康，适应社会发展的需要。

教师身体素质的培养和提高

第一，注意饮食营养。教师的劳动主要是使用大脑和咽喉器官，还经常站立讲课。中医学认为，劳神伤脾胃，话多伤肺气，久立伤筋骨。经常用脑思虑过度会使脾胃虚弱，暗耗阴血，平常可选用红枣、花生、莲子、扁豆、胡萝卜、蘑菇、葡萄、猪肚、猪肝、猪心、鸡肝等食品；咽喉为肺气之门户，讲课过多必耗肺气，应注意多食些萝卜、丝瓜、菠菜、绿豆、雪梨、蜂蜜、鸭蛋、银耳等食品，忌食辛辣燥热和刺激性食品；站立讲课过多必耗肾气，肾主骨，肾气受损则会出现腰酸腿软等伤骨疾症，肾虚还会引起肝虚，补肝益肾，可常食用芝麻、黑豆、枸杞子、胡桃肉、猪肉、猪蹄、羊肉、虾米等食品。另外，在饮食方面，应当养成不挑食，不偏食和不多吃零食等习惯，要多吃新鲜蔬菜和豆类食物，以保证身体获得全面的营养。

第二，注意用眼卫生。教师视力保护问题，至今仍是个严重的问题。教师视力下降的原因很多，但绝大多数是由于长时间备课、批改作业、读书写字时不注意用眼卫生造成的，如阅读和书写时字体太小，与眼睛的距离太近，用眼时间过长，光线不好，躺着看书等等。教师在繁重的职业工作中，应随时注意以下几个方面：一是看书、写字要与眼睛保持适当距离，一般应相距1市尺左右；二是看书姿势要端正，不要躺着或在车上看书，也不要边走路边看书，养成良好的看书习惯；三是看书写字的时间不要持续太长，长时间看书写字时，中间要适当休息，及时消除眼睛的疲劳；四是看书写字时光线应充足、柔和，最好让光线从左方或右前方照在书本上，以免写字时在书本上造成阴影；五是字要写大一些，清楚整齐，字太小，不仅写时费劲，看时也累眼。

第三，讲究用嗓卫生。由于教师用嗓时间长，声带负担过重，加上有的教师不注意声带的保护，不少教师患有声带疾病，既给教学带来困难，又给自己带来痛苦。教师声带疾病的发生，一般是由以下几个原因造成的：一是由于长时间、高音量的用嗓，很容易引起声带黏膜充血、水肿、分泌物增多而出现急性喉炎；二是没有掌握正确的发音方法，使发音位置低声音传递近，常常不得不提高嗓音，从而造成声带疲劳、创伤；三是经常吸烟饮酒或不善于控制情绪，强烈的刺激造成声音嘶哑。因此，讲究用嗓卫生，首先要注意科学的发音和用嗓方法。发音时，应采用腹式呼吸，而不宜采用胸式呼吸，音量高低适度。其次要注意保持咽喉清洁、湿润，上课前后，应多喝些温开水或淡茶水，并经常用淡盐水漱口。此外，还应养成良好的生活习惯，饮食有节，力戒烟酒，少食辛辣食物等等。

第四，合理使用大脑。教师的劳动主要是脑力劳动，所以尤其要注意大脑的合理使用。所谓合理使用大脑，就是指既要积极用脑，又要避免用脑过度。因为大脑功能的正常发挥，有赖于神经系统兴奋与抑制过程的交替进行。根据脑的生理特性，合理用脑首先要注意掌握自身“生物钟”的变化规律，尽量发挥自己的最佳用脑时间，去完成最重要的学习和工作任务。经常这样做，就形成了动力定型，就能使大脑以最经济的消耗，收到最大的学习和工作效果。再者要注意用脑有张有弛，有劳有逸。生理学研究表明，人脑只占体重的2%左右，但脑血流量约占心脏血输出量的13%左右，耗氧量约占全身耗氧量的20%左右。此外，脑神经细胞对缺氧的敏感性很高，长时间连续用脑而不及时休息，会损害脑细胞及其功能。饮酒和吸烟会干扰和抑制大脑的高级神

经活动，并能影响循环系统功能，降低血液的携氧能力，影响大脑的氧供应，所以连续长时间用脑时也不宜饮酒、吸烟，应有所节制。

第五，坚持体育锻炼。体育锻炼可以改善身体动作和机体的协调能力和灵敏度，使神经系统的反应速度增快，准确性提高；可以使心脏肌肉更为发达，收缩力增大，血液供应充裕，满足身体需要；可以改善胸廓，使呼吸肌特别是膈肌的活动能力加强，肺活量明显加大，并且能改善气体交换的速度和能力，得到更多的氧和排除更多的二氧化碳，提高呼吸的效率，在需要供应更多氧气的脑力劳动中，较好地满足机体的需要；可以增进骨的坚韧度，促进肌肉的发达，使肌肉体积增大，肌肉弹力和伸延性增强，收缩速度增快，从而能进行较长时间的活动而不易出现疲劳。体育锻炼对消化系统、排泄系统和内分泌系统等的机能也有良好的强化作用。体育锻炼的方式和活动量的大小，可因人、因年龄、因客观条件而异。像跑步、打太极拳、练气功，做操等是一般人都可以进行的项目，既简便易行，又收效甚佳。[1]

/ 心理素质 /

心理素质的定义 ／

林崇德教授将教师心理素质定义为“教师在教育活动中表现出来的，决定教育教学效果对学生身心发展有直接而显著影响的心理品质的总和”。

教师心理素质的具体成分

教师心理素质就其结构来讲，可以从多角度划分。从形式上划分教师心理素质是

[1] http://www.htyz.com.cn/E_ReadNews.asp?NewsID=1280.

与个体自我意识相关的，心理素质的各种成分可具体分为：一是教师角色认知。指教师个人对教师职业的社会地位、作用及行为规范的认识以及对教师职业与社会其他职业的关系的认识。只有清楚的角色认知才能在社会情境中找准定位，恰当行事，做到与现实保持一致，达到良好的角色适应。二是教师角色体验。是教师在教育教学活动中受到社会及家长、学校学生和教师的评价和期待时所产生的情绪体验。良好的教师角色体验可以使教师在教育工作中避免“自我牵连”或“殃及无辜”。三是教师角色期待。是教师依据一定的社会规范对自己角色行为的看法和期望。四是教师品格。如果把教师看成学生的楷模，则更注重于对教师人品上的角色规范。在教师人格上，西方学者通过对学生进行问卷调查，发现有效能的教师要具有合作、民主、体谅、忍耐、公正、了解学生，给予鼓励等12种特征。五是教师自我意识。主要指教师对自己以及自己与周围世界关系的认识和态度。

教师心理素质的实质内容

教师心理素质最核心的成分是其实质内容，它支配和调整着教师工作中的行为表现，也决定其能否胜任教师职责。教师心理素质的实质内容大致由五种基本“元素”构成，也可以说是成功教师应具备的五种心理能力。一是角色适应力——教书育人的基础。教师的角色适应力不仅指教师要适应角色转换，而且在教育思想观念、工作方式、人际关系、生活环境等多重角色转换上也要适应。二是心灵感悟力——尊师爱生的基础。教师应当对学生心灵有特别的感悟力，既能听“话”，又能听“声”，这样才能破译他人的言外之意，或称言下之意，包括对声调、手势、面部表情等方面的识别能力。善于透过学生的外显行为，迅速、准确地理解学生的真实感受和行为动机，并及时给予帮助和鼓励。三是情绪控制力——为人师表的基础。教师的情绪控制力可使教师以积极的情绪状态投入到教育活动中。教师情绪控制力也是一个极为重要的教育手段，它既会给学生心灵带来慰藉，也会给学生心灵带来难以弥补的伤害。四是心理承受力——诲人不倦的基础。教师要协调学校、社会、家庭和学生四个方面的关系。生活在一个有较多挫折刺激源的情境中，承受力强的教师，对教育环境、学生状况、领导素质、社会公正、自身发展等方面的问题，随时都有承受挫折的心理准备，即使在挫折状态下，也会采取正确的方式应付挫折，迅速摆脱挫折对心理的消极影响，并从挫折中学会坚强和奋进。五是教育表现力——教师机智的基础。教育表现力是个人这种本能倾向在教师职业的专业化过程中的发展。教育表现力强，不仅意味着个体敢于展示自我，更意味着教师在职业工作中善于发展自我。这就是说，教育表现力既凝聚着个体对教育教学技能的掌握，表现为良好的教师机智；同时也凝聚着个体自我意识的成熟，它是教师自尊、自信、自强、自立的集中体现。

教师心理现状及其原因 /

1998年3月，从辽宁省黑山县人民法院传来消息，一脚踢伤学生的黑山县西关小学体育教师董彬因涉嫌伤害罪被依法逮捕。原因是一个入学仅40天的7岁孩童，上体育课时未听清口令被踢伤，伤情半年未愈，不能返校上课……1994年10月，四川省奉节县一所中学在10天中竟发生35起某学生保卫干部（师范毕业生，当过教师）拷打学生，非法拘禁学生9人之多的恶性事件。其中，有一位学生竟因有偷钱嫌疑（事后被检察院否定）而被拷打了近两个小时。学校教导处副主任不仅参与殴打犯错误的学生，而且在事后并没有多少深刻的认识。更可悲的是，事发后该校“班主任”工作就没劲头了，似乎该中学离了保卫干部拷打，就无法进行教育了。

这两则报道，件件怵目惊心，足以引起人们对教师师德修养、法制观念问题的思考。掩卷沉思，让人想得更多的还是教师的心理素质问题。从这二则报道，我们不难看出教师的心理素质是有所欠缺的。造成如此状况，原因很多，主要是受传统教育评价与人才选拔机制的影响所致。传统的“应试教育”是一种以考试为手段，以分数为依据，把少数人从多数人中选出的选拔性教育模式。而由于高校招生人数的限制，升学作为一种教育目的，作为一种教育模式，不断被强化，演绎成一种颠扑不破的真理，并被学生、教师、家长普遍接受，致使社会以单纯的分数标准来评价教育对象。在强大的压力之下，教育行政部门压学校，学校压教师，家长压教师，教师迫不得已只能压学生。

虽然素质教育被炒得沸沸扬扬，但是正如一句调侃的话所说“轰轰烈烈讲素质，扎扎实实搞应试”。与其说是教师考学生，倒不如说是社会考老师。考不好，教师就要受到来自各方面的“审判”。许多教师会因为学生的一次考试失误，而与教师职称的评定失之交臂。每当遇到这种情况，教师只能忍气吞声，自认倒霉。长期以来，在工作、生活上积聚下来的怨气会借题发挥，一股脑儿发泄在学生身上，造成教育的失误，恶性循环，酿成恶果。轻则会导致自己的人生观和价值观发生错位，认识与情感发生偏差，心理失衡导致心理障碍。诸如体罚、精神体罚、教师脾气暴躁，对学生失去耐心等症状。

针对激烈的职业竞争压力，中国奥委会主席何振梁指出，“只要存在与体育成绩相联系的巨大物质利益，使用违禁药物和方法的现象就不会消失。”体育是这样，商业是这样，教育也是这样。我国封建社会在实施科举制度的过程中，舞弊的现象名目繁多。在我国，自古爱以成败论英雄，成功的经验可以被一套套整理出来，失败的教训却只有一条能被认可，即：主观努力不够。这样下来会产生两种后果：如果在一个团结上进的教师集体中，教师之间充满了比学赶帮的气氛，见贤而思齐，见不贤而内省，即使一个素质水平不高的教师，也会自觉自然地提高自己的业务水平；反之，在一个涣散的教师集体中，教师之间缺乏真诚的合作，勾心斗角，幸灾乐祸，这样的氛围，明哲亦

难保身。

自古文人相轻，过高评价自己，过低评价别人，为了抬高自己，不惜诋毁别人，个别教师妒贤嫉能，对先进教师施放暗枪，枪打出头鸟。教师队伍本身的内耗，结果不会有绝对的“赢家”，而必然是两败俱伤。教师的心灵在竞争中也会被扭曲，从而影响教师的整理素质。

近年来，由于国家和各级政府配合优先发展战略，采取了增加教育投入，建立教师正常增资制度和补贴制度等有利措施，大大改善了教师的地位和待遇。最近在北京、上海、广州、珠海、深圳、厦门相继出现了名牌重点大学生竞争中、小教师岗位的现象。如1997年全国高校毕业生就业市场和随后举办的上海师资就业专场上，均出现北大、清华、复旦、交大、华东理工大学的毕业生竞争中学教师岗位的情形。原因不仅是因为人才不足，更因为有些专业，特别是财经、管理等热门专业，近年来出现人才过剩，名牌学校大学生竞争教师岗位，一方面引发了师范院校被冲破“围城”的危机感，另一方面也反映出人才过剩。在南方不少城市，本科毕业生教幼儿园，硕士毕业研究生教小学，博士排队上公共课（评职称需要教学课时数）的现象已不再是个别现象。教师面临着又一场危机。

社会舆论的影响，给了教师很大的压力。除了上课，教师要做的还有很多，备课、整理教案、批改作业、家访……日常工作压得教师喘不过气来。“应试教育”使得教师的假期、休息日被“名正言顺”的侵占，社会总是将教师捧成“圣人”，但事实上每一位教师都是普普通通的人，都有自己的生活。“琼楼玉宇，高处不胜寒”的教师们更希望从“圣坛”上走下来。他们也是普通人，也需要真真切切的生活。

变了形的教育体制，使教师只能终日捆绑在学生和分数上。无法顾及家庭，尤其在经济日益繁荣的今天，教师们仍过着清贫的生活，与现实社会形成了强烈的反差。

许多教师在家庭里得不到理解，造成家庭矛盾。许多教师变得郁闷、烦躁、厌教、弃教。

教师的心理健康状况是教师整体心理功能的集中反映，也是影响心理健康教育效果的关键因素。有资料表明，教师的心理健康水平略低于平均水平，小学教师心理健康教育问题的检出率高达48%，其中12%有明显症状，2%程度较为严重。研究分析小学教师工作负担相对较重，平均周课时达到15.31节，其中有46%的人周课时超过18节，他们每天平均在校工作时间为8.93小时，在家备课时间平均为1.63小时。这样的工作负荷可能是导致教师情绪不稳定的原因之一。当前教育实践中的大量事例说明教师的心理健康与学生的心理健康之间存在着十分密切的关联，在许多情况下，教师的心理健康水平直接决定学生的心理健康水平。

教师不健康心理造成的危害 ／

教师不健康的心态可能直接导致学生的心理障碍

据有关方面统计，90%的学校恐惧症是由于教师的非正常教学行为引起的。有这样一则案例：小芳上小学二年级的时候，遇上了一件倒霉事，当时班里教数学的是武老师，她是个四十多岁的女老师，脾气特大。有一次小芳忘了带作业，上课时才发现，她想到妈妈告诉她的话：到了学校要听老师的话，老师就像妈妈一样，有什么事就找老师。于是就站起来对武老师说："老师，老师，我作业忘带了，准是今天早晨我妈妈没给我放进书包里，明天再交行吗？"她的话音还没落，只见武老师眼一瞪，上来就给了她一个大嘴巴，又揪着她的领子没头没脸的一顿训："你瞎吵吵什么！还有点规矩没有！你举手了吗？谁让你说话了？"当时吓得小芳浑身哆嗦，哭都不敢哭，差点没尿裤子。当天回家后，小芳没敢跟妈妈说，但是晚上睡觉时就开始做噩梦，说胡话，第二

天早上说什么也不去上学了，妈妈不知道发生了什么事，硬把她带到学校里，一进学校大门，小芳就觉得恶心想吐，妈妈只好送她回到家。小芳得的是学校恐惧症。可见，教师不健康的心态，尤其是喜怒无常的情绪状态和暴躁乖戾的性格，常常是造成学生心理障碍的直接原因。

教师不健康的心态会影响正常的师生关系

师生关系是影响学生心理状态的一个重要因素。如果讲道理，每个老师都会说学生和老师应该是平等的合作关系，但在实际上，并不是全部老师都能让学生产生这种感受的。教师不择手段地责骂甚至体罚和变相体罚会给学生心理造成阴影，进而影响师生关系。在一项关于师生关系的调查中，让学生按照“老师与学生的关系好比是……”来自由填写，结果34.7%的学生感受是消极的，许多学生比作猫与老鼠、统治与被统治、警察与小偷、监狱长与囚犯、留作业的工具与作业工具、棍子与懒驴……这足以说明学生与老师的关系存在着很严重的问题。

教师不健康的心态会影响学生的学习态度和生活态度

教师不健康的心态会影响学生的学习态度和生活态度，甚至人生观和世界观。一些教师由于自身工作或家庭生活中的矛盾没有解决好，情绪调节自控能力不强，将个人在社会、学校、家庭方面的失意烦恼带入学校，错把学生当作自己发泄情绪的对象，将自己的否定情绪迁怒于学生，或者用自己错误的人生观和世界观影响学生，造成对学生心理的伤害，甚至改变学生的世界观和人生观、学习态度和生活态度，贻害终生。一学校初二年级英语课上竟然发生了28名学生一起不上课事件。原因与老师有关，老师课教得不错，但就是对学生太厉害，只要回答不上问题她就会大发脾气说：“你这脑子怎么长的，当初你爸妈计划生育时怎么就没把你计划了？”就这样学生与老师的关系越来越僵，矛盾激化，后来，同学们就开始逃课。开始时三五个，最后发展到28名学生集体逃课。

努力提高教师的心理素质 /

开展教育理论学习，矫正错误教育观念 我国教师的教育理论水平普遍较低，首先因为职前教育忽视了教育理论的学习。当前，我国教师队伍中非师范院校的毕业生很多，即使是师范院校的毕业生其理论水平也不算高。和苏联和英美等国相比，我国师范教育对教育理论的学习明显不足。从开设教育理论的门类来说，我国只开设了教育学、心理学和学科教学法三门。其次，职后教育在相当一段时间内重在学历补偿，教育理论方面的教育很难排上位置。关于教师个人的进修，更缺少诸多方面的条件。特别是在“应试教育”下，教师被压得喘不过气，各色门类的参考书、参考资料冲击了教师的科研热情，影响教师教学个性的形成。培根认为：“人的天性就如野生的花草，求知学习好比修剪移栽。”近几十年来，我国教师的基本文化素质逐年有所提高，但总体上仍不够理想，与发达国家差距还很大。据1990年统计，从1981年到1990年，我国小学教师学历合格率从51.8%提高到73.9%，初中教师学历合格率从14.3%提高到46.5%，高中教师学历合格率从35.67%提高到45.5%。这样的提高速度应该说很快，但由于基础实在太差，现状仍然不能令人满意。教师应该努力抓紧一切机会搞好教育科研，加强进修意识，自觉进行教育教学改革、实验，自觉“充电”。

通过开展一系列活动，关照教师心理保健 除进修提高自己之外，还可针对教师有组织、有计划地进行一些心理测验和调查，开展心理咨询和心理辅导，举行心理讲座和座谈会，增加教师心理宣泄的途径，以提高教师的心理素质，促进教师的心理成长。

建立正确的评价制度，促进教师正常的教育行为 由于“应试教育”长期而片面的用分数、用单纯的升学率评价学校教育质量，形成对基础教育的负导向作用和负激励机制，不改革这种片面评价制度，基础教育就无法摆脱“应试教育”的羁绊，就不能最终转向素质教育。有一个较为典型的评价制度，是上海南市区的办学评价指标体系。他们把办学评价分为三个板块：教育教学的常规管理、工作的完成率、办学特色。评价指标体系总值是100分。教育教学常规占63分，这里包括教育方针、教育法规和素质教育的要求。在这63分里面，智育只占10分，德育、体育、劳动教育、美育分别只占8分，共32分。重点工作的完成情况占30分，办学特色占7分。办学评论指标体系的权重旨在改变德、体、美、劳的薄弱地位。引导学校的工作向全面贯彻教育方针，全面提高教育质量和实行素质教育的方向发展。举这个典型，只是希望评价制度淡化高考升学率的作用。

调整教师心态，形成压力免疫 这是通过改变对压力的认识来帮助教师应付压力反应的方法。在应付压力之前，首先，要对压力有明确的认识和接受的态度。认识到压力及其反应不是个体的弱点和能力的不足，而是人人都会体验到的正常的心理现象。然后个体要学会对自己所处的情境，作积极的控制和评价，形成对情境的理智反应。其次，采取积极的压力应付模式，调整自己，把回避模式转向主动模式，把情绪定向应付转向问题定向应付。要转变观点，主动参与竞争，不断提高自己，则是另一种更为积极的方式。

理论与实践证明，教师对学生的影响是长期的，是潜移默化的。教师素质对学生发展起着决定性作用。在一定的程度上，教学改革决定于教师的所作所为，教师心理健康作为教师心理素质的一个重要反映和指标，不仅有利于教师在职业生涯中的发展，使其更快地由“新手”型教师成长为“专家”型教师，而且有利于教师自身身体健康，生活幸福，造福于他人和社会。[1]

/ 人文素质 /

从广义上讲，人文可以包括人类有史以来所创造的精神与物质财富的全部，但就教师的人文素质来说主要是指教师所具有的人文精神以及反映在教师思想道德、心理素养、思维模式、性格情感和人际交往等方面的气质和修养。

教师人文素质的核心是价值观，它是人格成功的前提；人文素质的基础是教师的人文精神和科学精神；人文素质的水平取决于教师的艺术修养和审美能力，取决于教师驾驭人际关系特别是师生关系的能力。人文的本义是创造完美的人性，教师的人文素质对于实现学生的可持续发展起到重要作用。教师要以身作则成为学生的榜样，任何速成班、无土栽培或者疯狂学习都无法替代教师在这方面的重要作用。

提升教师的人文素质是社会发展的需要 /

改革开放的迅猛发展给我国社会的人际关系、社会文化和自然环境都带来巨大的震荡：在人类走进知识经济时代以后，国与国的竞争将是综合国力的竞争，因此教育将处于举足轻重的地位。而社会的迅猛发展特别是在我国加入WTO以后，社会主义市场经济不断地发展完善，使教育的地位必将得到进一步强化，而教师是教育之本，振兴教育离不开教师，这就给每个教师提出了更为艰巨、复杂的任务。因此，提升教师的人文素质已经成为社会的迫切需要，需要我们从更加宽广的角度思考教师的人文素质。

[1] 佚名.论中小学教师心理素质问题[J].中小学心理健康教育.2002,(11).

社会和自然环境的变化：城市迅速扩大，乡村日趋城镇化，而学生的活动天地越来越狭窄，新楼的水泥墙隔开了孩子们的交流，整天与孩子做伴的只剩下电视机、游戏机；大多数城市孩子已经分不清小麦韭菜，接触不到鸡鸭牛羊，感受不到生命的灵气。这就对建立健全学生的精神家园提出了很多新问题，需要教师做出巨大的努力。

社会文化的变化：商业文化像洪水猛兽一般冲击着人的灵魂；层出不穷的时尚产品正不断左右着人们的消费观，体育、艺术的大众化也在不断改变着人们的生活；同时那些已经消亡的封建思想意识也有些沉渣泛起等等。这些变化客观上给教育思想、教育方法带来了巨大的挑战。教师要“传道、授业、解惑”，要让学生踏上通向文明与成才的道路，就需要具备高度的政治热情，和谐的人生态度和完好的审美意识。只有这样才能在各种社会现象面前从善如流，启发教育学生。而要做到这一点，不提升教师的人文素质，显然无法顺应时代发展的要求。

教育对象的变化：人口的大规模流动使学生已由过去单一的，基本固定的组成变为今天那种多元化(指来自不同的区域)、多层次(指来自不同的阶层)、多变化(指独生子女、离异家庭、单亲子女、留守家庭、返城知青等不同家庭环境)的模式。这就对教师在教育过程中如何使自己的教育资源均衡化，让每一个学生得到公正、公平的对待，让弱势群体得到更多关怀和帮助是对教师本身素质的考验。

另外，中华民族的传承，五千年文明的发扬和光大，同样要求教师在利用千百年来先人给我们留下的极其宝贵的精神遗产做出自己的选择和表率。我国是个历史悠久的文明古国，祖先留给我们的优秀民族传统与道德是对学生进行思想品德教育特别是爱国主义教育的极好教材。教师是教育过程中最直接的有象征意义的人物，是学生作为榜样并可学习模仿的人物，这就对教师的人文素质提出了更加高的要求。因此教师必须学习中华民族的优秀文化，舍其糟粕、取其精华，并身体力行、发扬光大。

同时，一名好教师还要善于学习吸收人类社会创造的一切文明成果，去粗取精，去伪存真，为我所用，这样才能用全人类的知识财富塑造下一代，让真善美自然地流入学生的心田；才能让学生了解和熟悉地球上其他民族，为将来走向世界打好基础。当然这些就要求教师必须具备高度的人文素质，才能拥有丰富的人文知识和情绪体验，才能在那些信息灵、头脑活、眼界宽的跨世纪一代面前从容不迫，以自己的教育艺术与知识才华启迪和发展学生。

提升教师的人文素质是教育发展的客观要求 ／

在科学技术飞速发展的今天，学校中已经没有任何一门课程可以供人终身受用。教师的任务已从过去单纯的传授知识发展到今天必须教会学生去自学、思考、研究和创造。教育发展要求教师以德育为核心，重视培养和发展学生的创造能力与实践能力，这在教育思想上是一个巨大的转变，也是教育发展的客观要求，也是对教师素质的客观要求。

教学要求的提升：教学发展的要求使学生不但要掌握书本知识，还要提高学生德、智、体、美、劳等各方面的素质，为学生的终身学习奠定坚实的基础。因此为了在讲课中充分体现思维的流畅、自由和创造性，通俗易懂地启迪学生的心智，就要求教师自身能够对事物的发展与规律有深刻的理解，并且有一定的独特见解。否则就不可能在教学过程中绘声绘色地运用丰富的实例与信息唤醒、启发、鼓舞学生去探索知识的奥秘；也不可能让学生感受到那种形成创造性思维的独特气氛。一名好教师在上课时可以通过他引人入胜的讲课，抑扬顿挫的语调伴以发自内心的感情使学生感受他所讲的知识是“活”的，讲的内容是“美”的，讲的形式是“新”的，让学生感到他几乎不是在听课，而是在“享受”，他们“享受”的是由老师传送的人类知识的精华。显

然一堂课要上得简洁、优美、清晰、明白而又富有启发性、哲理性与思想性，没有博大精深的人文素质显然是不可能的。

教学内涵的拓展：现代科学技术的发展已经深深地影响着人们的生活方式与思维方式，可是人的精神生活的发展还远远滞后于物质生活的发展。现实生活中许多落后的、不科学的东西竟会随着彩电、空调、音响占据着人们的头脑，有时候还会发出与时代不和谐的调子，这种强烈的反差值得引起人们的高度重视。作为“人类灵魂工程师”的人民教师决不能让这些落后的东西玷污青少年的灵魂。因此物质生活水平越高就越要求教师能以自身为榜样去陶冶学生、影响学生。

教师是“人师”，人师就是要教会学生懂得怎样做人，怎样做一个社会主义建设事业合格的劳动者和接班人。这就要求教师能把正确的世界观、人生观、价值观及远大的志向与高雅的审美情趣融于一身，使人类一切美好的情感在自已身上具体化，以活生生的师生情感交流去影响学生，这就需要教师是一位德才兼备，和谐发展的人。

提升教师的人文素质是创设学校文化的重要基础 /

学校文化是和每一位学生息息相关的，它无时无刻不在陶冶着莘莘学子的性情、品德。可以这样说，文化与心理已经成为德育的重要内容。要倡导、规范、研究和发展学校文化都离不开国情，离不开历史。教师是学校文化的组织者、指导者和参与者，是创设学校文化的骨干力量，因此教师的人文素质是学校文化发展的基础。

创设我们社会主义学校的校园文化首先就要体现出社会主义方向性原则，弘扬爱生、爱校、爱国的精神，充分发扬光大中华民族的优良文化传统与民族美德。中华民族固有的那种威武不屈，富贵不淫的民族气节，那种宁为玉碎，不为瓦全的英雄气概，那种虚怀若谷的精神世界，那种融合大自然的追求，那种审美的人生境界，那种对生活、对世界的乐观主义态度，那种对感情与爱的向往都应该成为校园文化的组成部分。而天下兴亡，匹夫有责的爱国精神，勤俭持家，奋发图强的自立意识，公而忘私的雷锋精神都应该成为校园文化的主旋律。在这其中教师的价值取向起到决定性的作用，因此教师既要把握住学校文化的导向，又要身体力行，做好学生的表率，关键在于教师自己的人文素质。

学校文化应该把满足和鼓舞学生的情感需要与审美需要放在主要地位。因此一名成功的教师在建设学校文化的过程中主要的责任并不是要对学生控制、驱使和责惩，而是应该充分利用中小学生热情、活泼、富有进取心的年龄特征激发学生求知的热情，激发学生对美好事物与远大理想的向往，激发学生承担时代赋予重担的使命感，并通过学校文化活动协调好学生与学生、教师与学生、教师与教师之间的关系，沟通学校与社会的联系，让学生逐渐脱离低级趣味，追求高尚完美的人格。同时由于在社会蓬勃发展的今天，大多数学生能正视历史的现实和具有较强的探索精神，他们会比教师更快、更容易接受新事物，如果教师要保持其在学校文化中的地位与优势，如果不想落伍，那么只有不断地提高自己的人文素质。

提升教师的人文素质也是教师自身发展的需要 /

从教师自身的发展需要看，如果你要圆满地完成党和人民所赋予的重任，要提高每一名学生的思想文化和身体素质，你就必须不断地给自己的人文素质进行“充电”。教师工作的每一分秒都是在塑造着下一代的灵魂，教师工作的对象是青少年，他们是正在发展变化中的人，因此教师言行任何一点的疏忽都有可能影响这些孩子的身心健康，甚至会改变他们一生的道路。因此每一名教师都需要不断地提高教育技巧，提高应变能力。在教育素养上，就要求教师的语言充满时代特色，要追求小说家的言谈，诗人的豪情，演说家的风度，演员的表演技巧，哲学家的睿智，政治家的精明等一切能震撼人的心灵和品质。要做到这点，没有过硬的文化修养就无从入手。要做到这点，教师就必须丰富自己的情感，充满热忱地面对学生，而这一切都需要扎实的人文素质基础。[1]

礼仪素质

自古以来中国就被誉为是礼仪之邦，大到国家和民族之间的交流，小到父母兄弟亲戚朋友之间的交往，可以说礼仪无处不在，渗透在生活的方方面面。几句亲切的话语，几个简单的动作，不仅拉近了人与人之间的距离，更涌透出了人和人之间的一种相互尊重，这种尊重恰恰是人们正常平等交流的最基本的平台和最重要的纽带。

礼仪的定义

礼，指尊重，礼由心生。它是讲我们在人际交往中要尊重自己，尊重别人。礼侧重于内容。仪，指仪式。实际上是说尊重自己、尊重别人需要一定的表现形式。仪侧重于形式。礼仪是尊重自己尊重别人的一种规范的表现形式。教师礼仪，就是教师在工作、待人接物、为人处世等方面的规范化的做法。

一是摆正位置。在日常生活中，在人际交往中，面对不同的人，不同的对象，有不同的位置。很多人伤害人、得罪人，给别人没有教养的感觉，就是因为他没有摆正位置。教师，面对学生，他的位置是什么？传道授业解惑也。比如，朋友之间直言不讳、发发牢骚、说点阴阳怪气的话都情有可原。但作为人民教师，为人师表者，你在工作岗位上，你是不可以误导人家子弟的，你不能非议党和政府，你不能蔑视国家法律，你不能违背

[1] http://www.51test.net/show/921614.html.

《中华人民共和国教育法》和《中华人民共和国教师法》，你不能和科学唱对台戏，你不能做出有损国家和民族的事情，这是教师的职业道德，也是职业规范的要求。

二是端正态度，要宽以待人，善于包容。在现代交往中，你要明白，十里不同风，百里不同俗，闻道有先后，术业有专攻，人与人之间是有差异的，不同国家有差异，不同民族有差异，不同年龄、不同性别有差异，不同行业也有差异。所以一个真正有教养的人，一个真正热爱自己工作的人民教师，爱护学生、爱岗敬业的教师，态度很重要。要学会容忍，容忍自己的同事有不同的教学方案和教学模式，容忍不同的学科有不同学科的教学特点，容忍不同的学校有不同学校的要求，容忍不同的学生有不同的偏好和兴趣，教师要有非常大的适应性，更要有非常大的包容性。君子和而不同，孔子所谓"和"是讲待人接物以和为贵。一般的人际交往中，有的时候是非概念是模糊的，所以待人接物要讲究宽容。

教师礼仪的特点 /

一是师资。资即资本。你要有一技之长，你要业精于勤，你要有人格魅力、亲和力、个人魅力。二是师表。要语言美、心灵美，同时要仪表美、行为美。美的仪表、美的容颜、美的语言、美的心灵，楷模，就要思圆行方，值得别人效仿，不会误人子弟。三是师德。就是讲职业道德。比如要忠于祖国，要热爱人民，要热爱党，要热爱社会主义，要遵守法律，要爱护学生，要廉洁从教。四是师心。也就是要有爱心。

教师礼仪的内容 /

教师的语言

（1）教师用语的基本要求，包括：语言要标准，态度要和蔼，内容要得体，方式要

适宜。(2) 教师用语规范，包括：要讲普通话、要讲文明话、要讲现代话、要讲直白话。(3) 教师用语的表达方式，包括：平等交流、善于沟通、强调互动。(4) 如何做到教师用语美？声音美，发声要清晰，音量要适中、语速要适中、发音标准；谈吐美：讲话要专心致志、动作不能太夸张；境界美，属于内容和态度方面，要求是高雅的，不低级、不庸俗，传递真理。(5) 教师要注意的忌语，包括：忌粗口、忌训斥、忌侮辱、忌讽刺、忌妄语、忌乱语。

教师的装饰

在现代生活中，人们对装饰有不同的印象和要求，但也有统一的看法。统一的看法就是衣装美。这实际上是个人形象美中重要的一环。不要说我们教师自己，就是我们的教育对象即孩子们，恐怕对教师的形象也是非常关注的，特别是教师服装这一点。

现代社会中，不同的人、不同的行业对装饰有着不同的要求。穿衣戴帽，各有所好，但对教师而言，对装饰是有独特要求的。因为教师者，为人师表也。师表中的表和着装就有关系。尽管我们强调表里如一，但如果没有外在美，内在美也难好，难以言说。一个人的内在美（气质、修养等）也是通过外在的服饰体现的。所以在现代社会生活中，装饰应该是教师应该注意的形象美中的重要一环。

其实，在现代社会生活中，装饰是有它特定的含义的。装指服装，饰指饰物。装和饰是一个整体搭配、整体协调的问题。(1) 装饰的功能，一是实用功能：鞋子、棉衣、雨衣、太空服等。二是审美功能：表示你的独特的品位。现代社会强调个性，提倡与众不同，所以服饰的审美功能很重要。过去经济水平不高，审美需求也不高，人们在服饰上强调共性；但随着社会和经济的发展，人们更强调个性，强调独一无二、与众不同。三是身份和地位：警服、军装、护士服、医生、法官等，职业服装反映人的职业、地位和身份。(2) 教师装饰的基本要求，一要简洁：没必要奇装异服、华服革履，过分地张扬或突显个性。这是非常重要的。二要端庄：男人要像男人，女人要像女人，要像一个有教养的、受过良好教育的、有品位的人，不能以（超短裙、露脐装等）前卫、个性、过分的张扬而自居。三要符合身份：不同行业、不同场合的人的着装有不同的要求。装饰礼仪有一个国际规则即TPO规则（time时间，place地点，location场合、status身份），强调一个人的穿着打扮在重要场合要与时间、地点、场合和身份相吻合，要注意自己所处特定的时空。庄重保守是对教师着装的基本要求，不能够太前卫、太轻浮、过分的时尚。有些人认为，装饰仅仅是对人的外表的一种点缀，没必要重视这个。其实，表里如一，这句话是我们要强调的。我们不能够只强调外在美，外在美和内在美是不矛盾的。比如服饰讲求三要素：色彩、款式和面料。会穿的人、会搭配的人看来它是要协调，如男人身上的颜色要少，少而精，三色原则是基本原则。三种颜色是正规军，四种颜色是游击队，五种就比较傻，五种以上就傻死了。这表面上是外在美，实际上是跟他的审美品位有关系，这就是教养了，教养体现于细节，细节展示素质。所以一个人的服饰，绝对和他受教育程度、自我定位、自我要求有关。表里如一，在这里是一致的。教师礼仪为什么要一再强调教师要规范自己的服饰，原因不外乎：一是言传身教，为人师表；二是一种自律、自尊的表现；最后就是岗位的要求。(3) 教师的装饰要注意的问题，包括：男女有别、年龄有别、形体有别、出入场合、注意规则。(4) 教师装饰的禁忌，包括：不能过脏、不能过破、不能过乱、不能过杂、不能过露、不能过透、不能过短、不能过紧。(5) 首饰问题，一是数量：符合身份、以少为佳(不超过三件为宜)；二是质量：精美、高雅；三是搭配：以和谐为美（色彩一致、风格一致）。

教师的仪表

作为教师，重视仪表，一方面是自己的修养问题，另一方面是社会的要求。仪表

也是我们言传身教的一个重要内容。教师的仪表其实就是教师的教养和形体的一种相互的协调。具体来讲，仪表者，外观也。一个人的仪表就是一个人坐在那儿、走在那儿、站在那儿给别人的整体的外观感受。换句话说就是一个人整体的外形外观。古诗云："腹有诗书气自华。"你受过什么教育，见过什么世面，你接受过什么层次的人，你的表情、你的神态、你的举止、你的言行都可以得到不同侧面地展示。

具体来说，仪表包括头部和手部的仪容、动态的问题（举止和表情）。(1) 教师仪表的规范：干净、整齐、文雅、美观。(2) 教师美发要注意的问题：一是长度：男同志前发不覆额，侧发不掩耳，后发不及领。二是色彩：不提倡染彩色发。(3) 教师化妆要注意的问题：只可化工作妆，要求自然、美化、避人。(4) 教师表情要注意的问题：一是自然放松的状态（自然就是一种自信），二是和学生互动，三是友善。(5) 教师举止要注意的问题：一是动作要正确、标准；二是提倡举止动作少；三是要检点（忌抠鼻子、搓脚、剔牙、掏耳朵等）。总之，要想成为高素质的教师，必须得从自己的仪表做起。[1]

/ 审美素质 /

教学艺术的审美性与教师的审美素养 /

教学具有不可忽视的艺术价值，艺术则具有不可忽视的通过教学过程体现的教育价值。教学活动和艺术活动同属人类的创造性劳动形式，教学的创造性决定了它的艺术性。

教学艺术的正式提出，首推捷克教育家夸美纽斯。他在《大教学论》一书中说：

[1] http://zhidao.baidu.com/.

《大教学论》阐明“把一切事物教给全人类的全部艺术。”“艺术，是人类按照美的规律创造世界，同时也按照美的规律创造自身的实践活动。艺术是人类能动的、创造性的实践力生产出来的精神产品。艺术创造的目的，主要是实现它的审美价值，它要满足的是人们心灵的渴求和精神上的需要，要唤醒的是人们超越美学贫困的自创力。”所以，教学艺术的本质特性也必然是审美的，是一种具有创造性的意识形态和生产形态。教学艺术活动必然要按照美的规律去培养和造就具有创新意识和创新能力的人才。教学艺术活动必然是能够真正体现美的活动，必然是师生高度追求美的活动。审美性是教学艺术的核心，没有教学美的存在，没有使受教育者在教学活动中获得真正的美的享受，就谈不上教学艺术的体现。

教学艺术的审美性

教学艺术的审美性，是指教师自觉地运用美的尺度去指导教学活动，一切教学行为都渗透着美的形象、美的情感、美的趣味和美的创造，使教学本身成为审美的对象，学生能够在教学过程中欣赏美、体验美，在学习知识、获得能力的艰辛中始终伴随着教学艺术美的享受，从而具有轻松愉快积极向上的良好心态。

(1) 教学艺术的美是内在美和外在美的有机统一。教学艺术的内在美主要是教学本身的各要素具有科学美。科学美来源于自然美，但它不是指大自然的美的景色，而是指潜藏在感性美之后的理性美，并为理智所能领悟的自然界内在结构所显示的和谐、秩序、简单、统一的美，是审美者通过理解、想象、逻辑思维所体验到的美。教学各要素的科学美主要包括教学内容的清晰性，教学目标、教学内容、教学方法、教学评价之间的逻辑关系的清晰性。我国学者提出的审美化教学论认为，要使教学内容逻辑清晰化，必须首先使教学内容知识点清晰化。教学内容的知识点就是该学科知识体系中的理论逻辑基础，即概念或原理。教学活动中的不成功的例子，多数是由于呈

现的知识结构不尽合理而造成的。教学活动中概念的教学不到位或者概念之间的关系阐述不清晰，学生就难以在头脑中形成完美的逻辑图式，因而就难以顺利地完成信息的逻辑加工，学生的学习自主性也就无法调动起来。教学内容的逻辑清晰化除了一门学科的概念之间的联系外，教师还要注意不同学科知识之间联系的清晰化。

另外教学艺术的内在美还应包括教学目标、教学内容、教学方法、教学评价之间的逻辑关系的清晰化。这就要求教师不能孤立地制定教学目标、选择教学内容、实施教学方法或形成教学评价。教学艺术的外在美主要指教学表达的形式美。诸如诙谐幽默，抑扬顿挫的教学语言美；层次清晰，简洁明快的板书板图美；水到渠成，天衣无缝的衔接自然美；有张有弛，劳逸结合的教学节奏美；起伏有致，疏密相间的课堂结构美；启发诱导，虚实相生的教学方法美；突破时空，回味无穷的教学意境美等等。孟子曾说"充实之谓美"，可见，教学艺术对美的追求不应流于形式，只有以内在精神美为根本追求，将内在美与外在美有机结合起来，教学艺术才会焕发出整体美的风采。

(2) 教学艺术的审美性使教学具备了神奇的综合魅力。教学艺术具有激情夺魄的魅力，这是教师有意识地按照美的规律和原则进行教学的结果。这就使得教师的课堂教学艺术本身成了审美的对象。教学艺术美的最大特点是对人心灵的影响。面对充满浓郁的美的气氛的教学活动，学生会沉浸在具有艺术魅力的教学活动之中，在体味教学的艺术影响的同时，默默地接受着新思想、新道德、新知识、新情趣。由此，他们的视野拓宽了，人生的台基加高了。他们在欢愉的心境中开发了认知、记忆和思维、想象的心理机制。虽然他们对教学艺术美的心理反映各异，但从教师的富于哲理的又饱含艺术趣味的教学中，激发了学习的兴趣，明确了人生的价值和自身的责任。他们与学习建立了和谐的关系，学习的目的明确了，愿望和信心都增加了。正如有人所说：听上海特级教师于漪的语文课，知识会像涓涓的流水，伴随着美妙的音律，流进你的心田，潜入你的记忆。她的学生也说，听于老师的文学课是一种美的享受，一堂课往往几年、十几年不忘，它不光影响着自己的审美观念的形成，而且对自己的品德的培养，未来工作的选择，都产生积极的作用。这正形象地说明了，教学艺术的审美性使教学具备了神奇的综合魅力，给学生带来了审美感受，并引发了学生心底的审美效应，产生了潜移默化的影响。

(3) 教学艺术的审美性与教育性是紧密结合的。审美观因人而异，不同的人对美的认识不同，因而其审美情趣也就大不相同。所以每个教师都会有自己的教学审美观。有的教师受传统思想的影响，只看到教学活动的教育价值，而忽视其审美意义。在他们看来，除文学、美术、音乐等传统的美育学科外，其他学科的教学基本上与美无关，无美可言，这是一种狭隘的教学审美观。有的教师则正好相反，他们在教学过程中片面追求美的成分，为美而美，不考虑教学的实际效果，这是一种唯美主义的教学审美观。教学艺术的审美价值与教育价值应当是有机统一的。离开了教学艺术的教育价值，其审美性就没有生命力了。因为教学艺术的审美价值仅仅是充分地发挥其教育价值的有效手段。所以，审美价值不过是教学艺术存在的必要条件，没有它就难称其为教学艺术，而有了它，也未必就是教学艺术。苏联教育家巴班斯基曾经指出：一堂课之所以必须有趣味性，并不是为了引起笑声，趣味性应该使课堂上掌握所学材料的认识活动积极化。教学中的趣味性应该引导学生去研究问题，而不是诱使他们把问题撇在一边。

教师的审美素养

教师的审美素养由教师的审美观和审美能力两方面构成。

(1) 教师的教学审美观与教学艺术的审美性。教师的审美观在教学领域内具体表现为教学审美观。所谓教学审美观是指教师在教学实践中形成的关于教学美的理

性认识，是对教学审美现象的基本看法和观点。其主要内容包括教学审美趣味、教学审美理想和教学审美标准。教学审美趣味是教师在教学实践中对各种具有审美性质的事物和现象所表现出来的主观偏好和兴趣，它在一定程度上标志着教师审美能力的发展水平，反映了教师的审美修养和审美经验所达到的程度。教师审美理想指的是教师对美的教学境界的一种观念和蓝图，它体现着教师进行教学艺术创造的目标，激励着人们追求和创造教学艺术的热情，吸引着人们为创造更加美好的教学而努力。教学审美标准是衡量和评价教学现象的美丑及其审美价值高低的尺度。教学审美标准是客观存在的，作为教学审美过程中的理想因素，它是教学审美主体对教学审美客体的能动反映，是由教学审美经验上升到教学审美理想的结果。教学审美标准为人们的教学审美实践所规定，又不断受到人们的教学审美实践的检验和修正。

一般说来，每个教师都具有自己的教学审美观。作为教学艺术创造的主体，教师的教学审美观直接影响教学艺术创造的性质和价值。正确而高尚的教学审美观对于教学艺术美的创造具有重要的指导价值和促进意义；反之，错误而庸俗的教学审美观则会阻碍教学艺术美的创造和发展。

(2) 教师的审美能力与教学艺术的审美性。审美能力即人们感受、鉴赏乃至创造各种美好事物并将之表现出来的一种能力。作为人类独创的教学活动，其各个要素以及各个方面都蕴含着丰富的审美内容，所以，教学领域理应成为充分展示美的重要场所。作为审美主体的教师能否发掘、展示这多姿多彩的美，关键在于他们是否具有较高的审美能力。如果缺乏起码的审美能力，就会对教学中美的事物、美的现象无动于衷，或熟视无睹，或充耳不闻；而如果具有较高的审美能力，则会经常以艺术的态度对待教学，以审美的眼光观照教学，从而易于发现教学中的丰富多样的美。

教师的审美能力还直接影响到教学艺术的创造。优秀教师与一般教师的重要差别，可能不是他们所具有的知识、技能或道德水平，而在于他们的审美能力。在优秀教师的教学中，往往都有取之不尽、用之不竭的美的资源，他们都能充分地发挥其作用，使学生在掌握知识、培养能力和陶冶品格的同时，还能获得精神的愉悦和美的享受。

教学艺术美的创造与教学艺术水平的提高都要求教师具有较高的审美素养，而教师审美素养的提高与完善则有赖于后天的审美实践活动。19世纪法国伟大的雕塑家罗丹说过："美是到处都有的。对于我们的眼睛，不是缺少美，而是缺少发现。"所以，对于提高教师的审美素养来说，最重要的是在教育教学实践中直接感知美的事物，接受美的陶冶，进而积累有关美学知识，使自己对美的认识由感性上升到理性，从而达到不仅能够欣赏美、领悟美，而且能够创造美的境界。

教师的审美素质对教学美的创造作用 /

教师的审美素养对教学美的创造起关键作用，只是在现实中被有意或无意地忽略了，故有待进一步增强。正如马克思指出的，如果你想得到艺术的享受，那你就必须是一个有艺术修养的人；如果你想感化别人，那你就必须是一个实际上能鼓舞和推动别人的人。美学研究表明，每个人都具有潜在的审美素质。这种审美素质对于美的创造有不可替代的作用，最近，这一效应更令人惊叹，沃森指出，他之所以成功破译了DNA的结构，完全是因为他从一开始就认定，其答案必然具有一种最优雅的形式——只是由于这个审美假设，他设法在合理的时间内，在无数敞开的理论大门中，找到了这个恰到好处的解决办法。教育研究结果也表明：教育者必须具备一种对美的精细的感觉，必须热爱美、创造美和维护美（包括自然界的美和你的学生的内心美）。魅力也是教师的不可缺少的品质，在教育活动中重要的是使魅力激起积极的审美情感，这种审美情感能最充分地促进教育客体和主体的相容性。为了更好地进行教学美的创造，每个教师都应有意识地提升自己的审美素质。

具备审美素质的教师会把教学当作艺术看待

受美学影响，无论中西都有人把教学当作艺术。艾斯纳曾从四个意义上确定了教学可以被看作一门艺术：第一，教师在他或她的职业中已颇有造诣，对于师生来说，课堂是一种美学经验。第二，教师与画家、舞蹈家等一样在教学中根据在过程中了解的质量做出判断。教学的质量特征如进度、基调和速度由教师在“读”或理解学生的反应时进行再选择。第三，教学的艺术要求教师具有规定的常规或技能。艾斯纳确定了自动性与创造力之间的紧张和平衡。第四，教学和艺术成就一样，有时在一开始就未预料地结束了，但它是需要的，甚至是受欢迎的。艾斯纳区分了工艺与艺术，前者是运用技术来获得预定结果的过程，后者是在过程中利用技能通过行为来发现目标。教学艺术家对未预期到的、创造性的内涵留有余地，避免将他们的“教学智慧”凝结成机械的、常规化的行为。杜威也主张，教师所进行的教学活动，乃是具有弹性的、有意向的工作，因而深具美与善的含义。所谓艺术性的东西，就是把技能和感情以一种特殊的方式结合起来，使创造的成品赋有一种美。当教师更多地懂得了美的素质怎样进入人的生活，当他们能够有意识地来完善、扩展这种美的体验的方法时，他们也就踏上了教学艺术之路。在一定意义上说，教学艺术就是成功地创造美的教学。

教师的审美修养直接影响教学美的创造

具有相当审美修养的教师，就会和谐并富有创造性地投入到教学活动中，不仅把丰富的知识和娴熟的技巧作为教学的手段，而且自觉地使教学按美的规律来进行，使教学提高到审美化的境界。因而，他们的教学活动本质上就是美的创造。一个墨守成规的教师对学生创造性的发展无疑是一种近乎灾难的障碍，教育教学是一个太需要研究、太需要智慧去解决的难题了。基于此，作为教师，就需要用自己心灵的手指引导学生触摸天上的星辰。教师具有较高的审美修养，就会以审美的态度对待普通人视为寻常的教学活动，发现其中所存在的美。而缺乏审美修养的教师，则会对教学活动中所存在的美的事物、美的对象熟视无睹或充耳不闻，从而淹没教学中所存在的美。能否发现和感知教学活动中所存在的美，是衡量一个教师优劣的重要标志，这正如罗丹所说：“所谓大师就是这样的人，他们用自己的眼睛看别人看过的东西，在别人司空见惯的东西上能够发现出美来。”教师的审美修养对学生具有积极的影响作用，学生在教师审美修养的陶冶下就会逐渐养成审美兴趣、发展审美能力和习惯，最后形成审美修养，从而享受教学中的美，变枯燥的学习为快乐的学习。而师生在感受教学中的美、陶冶教学中的美的同时，就会进一步激发他们追求美、创造美的愿望，开拓新的教学美的天地。同时，教师的审美修养也有助于自己享受教学美创造的幸福感，所谓审美是发现幸福、创造幸福的重要法宝。因为幸福能力从某种程度上讲就是一种对主体自由的审美能力。幸福感就是一种生活的美感。因此，缺乏美感的人也一定缺乏幸福感。要收获教育幸福，教师既要有较高的精神境界、创造性的教学能力，还应当具有对教学活动过程和对教学双方的审美能力。

以审美的态度对待学生

学生是教师的审美对象。在教学过程中，教师要以审美的眼光来看到学生的进步，发现学生的闪光点，让学生在教师赞赏的眼光和鼓励声中不断进步；同时，使自己在教学中也有美的感受，从而提高审美能力，为不断满足受教育者的审美需要而进步。要做一个新时代的教育家，就必须有崇高的理想、宽广的胸怀、博大的善心和非凡的教育艺术。这些都是为了把每一个学生培养成人，而不要以惩罚为目的。

中国艺术研究院陈缓祥教授讲过一个观点，对于年轻的学生，我们可以明确地指出他们明显的错误，同时也要允许所有的孩子偷偷地自觉地改正他们独自一人时所犯的错误，这是一个教育的原则。在孩子人格或是习惯没有完全养成的情况下，教育中非常重要的原则就是宽容，要容许别人改正错误。而我们在教育中经常使用，或是错误地使用强迫别人改正错误的做法，导致许多孩子走向了反面。可以说大部分“坏

孩子”是在没有条件和机会偷偷改正错误的情况下越走越远的。我们广大的教育工作者，对待孩子的错误一定要有一颗真正崇高的善心和极度的宽容。在很多情况下，对孩子独自一人时所犯的错误，应该把门关起来以后再教育，不要在大庭广众之下把学生犯的错误公之于众。教育的成功和失败往往决定于教师，教师能救人也能伤人，能让人开心，也能让人丢脸，教师可以是启发灵感的媒介，也可以是制造痛苦的工具。学会了审美的教师，其目光中的学生没有不美的；反过来，被教师审美目光普照的学生，也会变得越来越美。

教师诗意地生活，是教学诗意化的必要条件

只有教师生活诗意化了，课堂教学才能真正诗意化，学生也才能有诗意的生活。教育是一首诗，可以是田园诗，可以是古体诗，也可以是抒情诗，有各种各样的情调和内涵，理想的教师首先应该是一个胸怀理想、充满激情和诗意的教师，教育的每一天都是新的，每一天的内涵与主题都不同，只有具有强烈的冲动、愿望、使命感、责任感，才能提出问题，才会自找“麻烦”，也才能拥有诗意的教育生活。这里，关键是像歌德所说的，要了解但丁，我们就必须把自己提升到但丁的水平。

有一位特级教师说得好：理想的风筝飞得高远，是由于实践的线索柔韧。因此，教师专业探索表现在“思想的技术”也好，“技术的思想”也罢，都必须是“紧贴地面而行”。与其描述千万遍花儿的美，不如让自己一瓣一瓣地开放。一方面，教师的生活固然要受到现实条件的制约，不能耽于幻想，但另一方面也确实需要有点浪漫主义的情怀，超越现实功利的困惑，追求一些精神的东西，否则就会对纯粹的现实功利越陷越深，以致不能自拔。

教师审美能力 /

教师审美能力的要求

(1) 充分感受美。教师只有具备感知美的能力，才能充分发掘教材中的内涵，向学生进行美的教育。教师具有充分感受美的能力，就能从美学的角度把课讲得更有深度，从而扩大学生的视野，使学生的求知欲更为强烈。(2) 深刻鉴赏美。教师的审美鉴赏能力，主要体现在对教材中美的形象、美的内涵做出准确的评价，使学生分清什么是真善美，什么是假恶丑，从而树立起正确的审美观念。教师只有具备深刻鉴赏美的能力，才能对学生的审美观点、审美实践加以正确的引导，达到以美育人的目的。(3) 真实表达美。表达美的能力，是指审美主体对于从生活和艺术中领悟到的美进行再现、传达的能力。教师是学校实施美育的直接主体，每个老师都应成为美化学生心灵的“灵魂工程师”。教师的职业特点决定了必须具备表达美、再现美和创造美的能力。教师要将自己从教材中获得的美的感受、美的鉴赏，在课堂上准确生动地传达给学生，使学生在获得知识的同时，受到美的陶冶和启迪。

教师审美能力的培养

(1) 加强美学修养。审美教育引入各科教学，对教师提出了更高的要求。要教学生懂得美，教师首先要认识美，成为在美学上有修养的人。不少教师由于种种原因没有系统地学习过美学理论，对美学只是一知半解，这更需要加强美学修养。一个不具备最基本审美能力的教师，是不可能对学生进行美育，进而发展他们的审美能力的。(2) 重视审美实践。一个人的审美能力，并非生来就有，需要在长期的审美实践中加以培养。艺术美作为自然美、社会美的集中反映，是培养审美能力的理想材料。艺术欣赏的内容是丰富多彩的，诸如精致的建筑、巧妙的工艺、俏丽的装饰、奇绝的书法、悦耳的音乐、飘逸的舞蹈、传神的绘画、迷人的影剧、生动的小说、优美的诗歌，如此等等，五光十色，都能给人以美学上的启迪和享受。教师应该有广泛的审美情趣，善于从广阔的芳林中去采撷美的花朵，在审美实践过程中不断提高自身的审美层次。(3) 养成审美习惯。美学直觉的培养主要靠潜移默化的活动，而潜移默化的无意识活动又可转化为一种审美习惯。无论是观赏杰出的艺术作品，还是去游览祖国的名山大川，还是置于平凡

的现实世界，久而久之，耳濡目染，你就会发现“美是到处都有的。对于我们的眼睛，不是缺少美，而是缺少发现”。一个人在生活实践中一旦养成良好的审美习惯，并不断积累审美经验，就会逐步提高自己的审美能力。

/ 法律素质 /

教师教育法律素质的含义、意义和结构 /

改革开放以来，我国法制建设迅速发展，公民法律意识逐步觉醒。在“依法治国，建设社会主义法治国家”的时代背景下，现代社会的教育已逐渐成为在法制轨道上运行的教育。“加强教育法制建设，全面推进依法治教”已成为当今教育发展的重要命题。但是“徒法不足以自行”，依法治教的一个重要条件是绝大多数的教师有较强的教育法律素质。没有这一条件，依法治教就只能是一句空话。一个法律素质水准不高的民族绝不可能建成一个良好的法治国家和法制社会。同理，依法治教工作的推广和实施，教师队伍的教育法律素质是重要的影响因素。

教师教育法律素质是指教师经过学习和培训所获得的关于教师职业法律法规知识、能力以及在此过程中形成的相应思想观念、态度、意识等，它由教育法律法规知识、教育法律意识和教育法律的行为能力等方面构成。教师教育法律素质的研究经历了从关注教师素质结构研究到教师法律素质结构研究，再从教师法律素质研究到关注教师教育法律素质研究的过程。这一研究历程体现了人们对教师素质认识的不断深化，解构与建构交互作用的过程。教师教育法律素质实际上是法律素质在教师行业中的具体体现，教师法律素质的特殊性是由教师职业的特殊性所决定的。它不仅强调教师一般的法律素质，更加关注的是教师的职业法律素质。

法律素质的核心和关键是法律意识，而法律意识的首要内容是法治精神。法治精神是指尊重法律、维护法律的勇气和毅力。“假定人人都有这种勇气和毅力，经过相当时间，便可行成一种风气，风行即久，便会变成习惯，这种习惯一日不形成，法治实现便一日靠不住，真正的法治是把这种习惯作为条件的。”教师的法治精神是推动教育法制化进程的原动力。

中国有几千年的专制传统。从以儒家文化为代表的传统文化演绎下来的中国现代文化，不可避免地存在着重人治轻法治的传统习惯，现行教育管理中人治的现象仍较为普遍，如果再不强化法制宣传和普法教育，教师队伍的法治精神就无从谈起，依法治教就难以实现。因此提高教师队伍的教育法律素质，培育法治精神是依法治教的一项基础工程，是依法治教的奠基石，也是我国法制建设的重要部分。

对于教育活动基本的伦理规范的遵守，在我国，长期以来主要通过《中小学教师职业道德规范》来约束教师的行为。而对于这些规范与教师个体及专业团体本身“德——福”一致的关系缺乏起码的确认。《规范》中更多的是教师的义务，而“教师专业生活和基本权利更需要有专业的道德规范给予保障。以确保教师在行使专业权利时免受非专业人士非理性指责与侵犯。”随着教育法律体系的不断完善，相关的法律出台，不仅是对教师，更是对全社会的人对于教育领域的伦理规范的遵守，提供了基本的要求和底线。教师教育法律素质的提高，不仅在于他们能够按法律的规定遵守基本的伦理规范，履行自己的义务；更在于能够维护自己的基本权利，享受幸福人生。

为准确把握教师教育法律素质的内容，确立合理的概念维度，我们以法律素质的理论抽象性、内容涵盖性、形式稳定性为坐标，将教师的教育法律素质分为三个层次

的内容：教育法律知识、法律意识和法律行为，又在每一个层次中确定了不同的层次结构。

教育法律意识

法律意识是人们对法律规范的接受和认可程度，包括人们对法律的评价、态度、关注和期待，换句话说，法律意识就是法律知识在人们心中的内化。作为一种自觉的精神力量，公民法律意识的社会作用是巨大的。良好的公民法律意识，是法制建设内在的精神支撑，是法制的有机组成部分，是法治建设不可缺少的精神力量。在依法治教的历程中，教育法律规范的贯彻程度和效果依赖于教育法律关系主体的法律意识，良好的教育法律意识是教师自觉、自愿守法的内在基础。完善教育法制是实行以法治教的前提。但依法治教的实现必须建立在教育法制发挥作用的基础上。良好的教育法律意识能推动教师自觉守法。教师只有具有了良好的法律意识，才能使守法由国家力量的外在强制转化为教师对法律的权威以及法律所含的价值要素的认同，从而严格依照法律行使自己享有的权利和履行自己应尽的义务，充分尊重他人合法、合理的权利和自由，积极寻求以法律途径解决纠纷和争议。自觉运用法律武器维护自己的合法权利和利益，主动抵制破坏法律和秩序的行为。

同时，良好的法律意识能驱动教师理性守法，实现法治目标。理性守法来自以法律理念为基础的理性法律情感和理性法律认知。据此，又可将教师的教育法律意识分解为法律态度、法律评价、法律关注和法律期待四个层次。法律态度是指教师在教育法律认知的基础上对教育法律所持有的情感，它是教师对法律直观的体验感受。法律评价是指教师依据某种理性的标准，对教育法律的好与坏所做的价值判断，它是教师对教育法律的理性评价。法律关注是指教师对当前的焦点教育法律问题和热点教育法律问题注意留心的程度，它反映了教师主观上参与法制建设的程度。法律期待是指教师对教育法律制度进一步改革、完善的期盼和希望，它反映了教师对未来教育法制建设走向和趋势的期望。

教育法律知识

知法是教师守法、用法和护法的前提条件。法治国家是法律主治而不是权力主治的国家，是法律操作者主导而不是行政官僚主导的国家。同理，以法治教意味着教育正进入法律调节领域，是用法律管理、规范教育活动或教育行为，解决教育领域的矛盾和纠纷，更多的是依靠法治而不是人治。西方社会几百年的法治实践经验和中国几十年的教育法治建设历程表明，依法治教需要执法公仆，更需要护法、守法的广大教师。这要求广大教师首先要知法、懂法，在此基础上人们才能真正运用法律武器，参与教育教学管理和实践，维护自身合法权益，勇于同违法犯罪行为作斗争，自觉维护法律的尊严。

教育法律行为

法律行为是指具有法律意义的一切合法行为。在以法律为主体的现代社会中，每个人的行为在受到法律约束的同时，也受到法律的保护。不管是法律制约功能，还是法律的保护功能，都存在一个如何最有效地实现法律规则的问题。任何法律不过是一定行为规则而已，规则是法律的存在形式，行为是法律的调整对象。离开了法律行为，法律的意义就无法确定。

美国著名的法学家劳伦斯·弗里德认为："我们一直花费很多时间研究法律规则及其结构，以制定和执行规则。但需要强调指出，法律系统并非仅指规则及其结构。在任何法律系统中，决定性的因素是行为，规则不过是一堆词句，结构也不过是被遗忘的缺乏生命的空架子。除非我们将注意力放在被称之为法律行为的问题上，否则就无法理解任何法律系统，包括我们自己的法律系统在内。"法律仅是纸上的规定，要转化为社会的现实，必须依赖法律行为。法律行为既是法律调整的对象，也是法律调整的手段。没有作为法律调整对象的法律行为，法律就会毫无实际意义；没有作为法律调

整手段的法律行为，法律就无法贯彻实施，就无法实现自己的意义。

根据法律行为的表现形式，还可将法律行为分解为守法行为、用法行为和护法行为。守法行为是教师履行法律义务的行为，教师的守法行为是教育法律体系实现的社会基础和基本依据。一个正常的社会，法律遵守行为总是法律实施的主要方面，法律只有在被普遍遵守的前提下，才可能对少数违法者给予有效的制裁，只有法律遵守行为普遍化了，法律规定才可能由机械的律条转化为生动的现实。用法行为是教师依法行使权力的行为。现代法制的基本精神是以权利本位，一个守法的公民不仅要履行法律义务，更要懂得如何行使和维护自己的权利。护法行为是指教师与违法犯罪作斗争的行为，违法犯罪不仅侵犯了他人的利益，更破坏了国家的法律秩序。因此，与教育活动中的违法行为作斗争是每一个教师的职责。而实现依法治教的目标，是一个漫长的过程，需要教师与其他主体的共同努力才能实现。教师作为依法治教的主体之一，只有从教育、制度、评价和惩戒等方面做起，不断提高他们的教育法律素质，教师的教育法律素质才可能真正有一个大的历史改变，依法治教的春天才会真正早日实现。

教师应具备什么样的基本法律素质 /

教师所应具备的法律素质包括：一是较强的法制观念。法制观念属于法律意识的较高层次，是依法治国的思想基础和心理条件。教师应树立正确的法制观念，诸如：遵纪守法光荣、违法犯罪可耻的观念；依法治国，从我做起的观念；见义勇为，护法光荣的观念；法律面前人人平等的观念；权利与义务相统一的观念；依法办事，有法必依的观念等等。有了较强的法制观念，教师才能自觉地将法制教育贯穿于教书育人之中。二是必要的法律知识。教师的法律知识可以分为基本法律知识和专业法律知识。前者是教师作为一般公民必须掌握的法律知识，包括法的一般理论知识和我国主要部门法的知识，其中宪法知识和与教师工作生活密切相关的法律知识最为重要。后者是与教师工作密切相关的教育法律知识，包括教育法的基础知识和我国现行教育法的主要内容，其中《教育法》、《教师法》、《义务教育法》、《未成年人保护法》等重要教育法律尤应掌握。不断丰富教师的法律知识，既是全面推进依法治教的需要，也是教师做好本职工作的重要保证。三是良好地运用法律的能力。教师应自觉地把法律运用于自身的工作和生活实践中。用法去规范自己的言行，严格依法办事；用法去维护自己和他人的教育权，履行教育教学义务。良好地运用法律的能力是教师法律素质高低的最重要的标志。[1]

[1] http://www.studa.net/jiaoyu/.

/ 超常的工作能力

全面推进素质教育，是贯彻党的教育方针即培养全面发展的跨世纪人才的重要途径，是教育改革发展的必然趋势。要想改变过去那种死板、僵化、模式化的教学方式，必须变单一的应试教育为全面的素质教育。在实施素质教育的过程中教师应该是主力军。因为他们担负着传道授业解惑的重任，与学生接触时间最长，接触机会最多，是空间和时间的拥有者。所以教师的工作能力如何将直接影响学生的素质，提高教师的能力，才能适应培养21世纪高素质人才的需要。

/ 教学能力 /

人才培养是社会工程的重要内容，如何培养人才，则是教育工作者永恒的重要课题。21世纪呼唤高素质的创造性人才，高素质的创造人才需要高素质的教师队伍培养，如何培养人才，如何培养优秀人才则是教师担负的教书育人的重要职责。提高与职业要求相关的能力和水平，不断变化的教学方式方法等等都是整个教育行业将要面对的机遇与挑战。

教学工作是学校的中心工作，教师教学工作能力的高低，是教师素质高低的重要体现。每位教师都应自觉地不断提高自己的教学工作能力。教学工作能力的基本要求教学是

教师根据教育目的和学生身心发展规律，有目的、有计划、有组织地引导学生掌握系统的文化科学基础知识、基本技能，发展智力和非智力因素，提高身体素质，培养审美能力和思想品德的教育活动。

教师教学能力发展存在的问题 ／

教学方法不够灵活

在传统的教学中，经验是教师教学的一大法宝，教学经验包括教学方法是每位老师的积累，是教师实际工作的结晶，经验是知识构架的基础，是知识的重要组成部分。但是随着教育体制的发展，对于过去的一些教学方式、方法到现在的学生课堂中使用，会有一些教师发现完全没有了效果。过去非常有用的案例与现在的经济运行模式完全脱轨。过去的法宝到现在确没有了用处。这使得一部分教师对于教学的技能和教学方法产生不理解，并且无技可施，造成教学效果显著下降，学生对老师也有着不好的评论与态度，这些都直接影响了我们的教育教学质量。因此教师的教学技能与教学方法的变通，成为面对不同时期，特别是所处家庭、社会、经济环境完全不同的新时代学生，如何变通教学方式方法，使学生，也同时使教师不断地适应运动变化着的社会环境，是当今教育中存在的一个大的问题，应该引起广大教育工作者的高度重视。

自我提高与完善的主动性不强

知识是随着时代的发展在不断地变化更新。教师在完成教学工作的同时，对于本专业知识的更新是否及时，则是教师工作中的一个主要内容，但是在现实的教育教学活动中，由于工作过于繁重，在忙于课堂教学工作的同时，还有很多其他非教学活动需要老师使用很多的工作和课余时间，这在很大程度上造成了教师没有时间，或对于专业知识和技能的更新所用时间很少。这是客观原因造成的。在教师的主观方面，在经济飞速发展的时代，信息量的更新可以说是电光石火，知识和技术的更新更是快速。在这种情况下对于新知识的更新需要大量的精力投入，于是对于这个方面就会出现了教师主动性的降低。还因为一些学校领导对教师进步的漠视，使他们失去了学习提高的自主性。这些将对教师的自我完善和发展产生很大的阻碍作用。

教学工作与教学管理之间的协调性不够强

教师教学工作与学校的教学管理可以说是两个不同的运行方式，教师的教学主要依靠教师的教学能力和主观能动性，而教学管理是一个完整的管理机制的运行，这要求教学管理机构能够良好地运作整个教学机构，使学校能够较好地运行下去。因此，以个人主观性为主的教师教学与全局性发展为主的教学管理机构之间的沟通成了整个管理的重点。现实中往往会出现因沟通协调不够，造成教师积极性大幅度降低，无法完成学校的既定目标，直接影响学校的发展，同时也造成人力资源的不合理，甚至于人力资源的浪费，从而阻碍教育教学工作的开展。

提高教师教学能力的有效途径 /

加强教师师德教育，提高教师职业道德

由于教师行业的特殊性，使其承担了文化传播的重要职能。教师对于学生有着潜移默化的影响，所以社会对于教师的职业道德有着相当高的要求标准。因此，加强教师的职业道德是教师素质培养的重点。首先，加强对教师职道德的培训和教育，特别是对新进教师进行职业思想、职业责任、职业纪律的教育，使教师具有本行业的责任心，树立正确的教育人生观的价值观。其次，制定相关的教育管理制度，对于教师的职业道德产生良好的约束作用，实行公平合理的奖罚制度，对于好的教师给予宣传表

扬，对于职业操守出现问题的老师要给予严格的批评和处理，使职业道德规范化。

完善课堂教学改革，培养教师教育素质

随着新一轮教学改革的逐渐深入，对于教师来说，教育学生、以学生的发展为基础的着眼点和落脚点是教师改革教学方法的关键所在。教师必须大力适应新的发展要求，创新改革课堂教学效果。一是在学生方面要注重学生的个性发展，即发展学生的潜能，发展其个性，发展其特长，同时要根据学生的基础和程度不同使其分层发展，努力开发学生的潜在优势，使学生能够认识自己的优势，并在将来提高社会竞争力。二是在教师课堂教学方面要做好“四个调整”。即调整课堂教学的目标，把所要讲解的专业知识和技能与学生所学的专业特长结合起来，在讲授的过程中做到授有所用；调整课堂教学中的师生关系，在传统的教学模式中，以教师讲授学生听讲为主，但在当今社会，培养学生的主动性和能动性是更为重要的教学环节。因此，课堂教学改革中师生的关系是改革的一个重点，努力发展学生的主动性、能动性就是从课堂中的师生关系开始；调整课堂教学的教学方式和学习方式，即根据课程性质的不同，从培养学生的不同能力点出发，灵活地调整教学方式。三是灵活地改变学生的学习方式，使学生能够以参与者的形态融入到课堂中来；调整课堂教学内容的呈现方式，如调整专业教学计划，创新教学方法，以多样化的方式来吸引学生更加主动地学习知识；广泛深入开展自主学习，充分调动学生学习的积极性和创造性，使课堂真正成为学生成长的乐土。

完善学习方式，增强教师的业务素质和创新能力 /

教师应该努力完善本职的工作，增加知识的储备量，并能够创新思想，创新思路。因此在完善教师业务素质方面，一是在学校管理方面，应该不断加大教师业务素质的培训力度，定期让教师能够去学习新的知识、新的技能。二是对于教师本人，应该努力增强学习意识，密切关注本专业知识的发展方向和信息的更新。加强横向联系，通过学术的交流不断将新的知识融入到个人的专业知识中来。创新发展实践能力，活动发展思维方式，增强综合能力。

重视教师心理素质的发展

教师的心理健康直接影响到学生的健康成长。乌申斯基说："在教育工作中，一切都应建立在教师人格的基础上。因为只有从教师人格的活的源泉中才能涌现出教育的力量。"反过来就是说，教师的不良人格或不健康心理状态必然导致不适当的教育行为，并对学生心理产生不良影响。教师工作具有示范性，教师的言语行为会对学生产生重要影响。教师精深的学问、高尚的品德、友好的态度、浓厚的教学兴趣与热忱、适当的情绪表现、合理的语言表达等特质，都会为学生所观察、所注意、所模仿。教师行为不当或精神不振，或不善于调控情绪等，都会使学生受到感染。由于学生的身心还未发育成熟，教师的不良心理行为往往给他们的心灵造成伤害，进而影响学生的健康成长。所以，在教学环境中，只有身心健康的教师才能通过教学影响学生，培养出身心健康的学生。

教师的心理健康影响教学工作效率。我国著名的心理卫生专家陈学诗教授指出："心理健康的学生，学习成绩必优于心理不健康者；心理健康的成人，其工作效率必胜于心理不健康者。"心理健康的教师，精神会更加饱满，注意力会更加集中，工作热忱也会更高，对学生也会更加关爱。心理健康的教师会对学生进行耐心的指导，与学生友好相处，这样就能促进学生心智的健全发展。

教师的心理素质是教师所应具备的一项基本职业能力。良好的心理素质能够活跃思维，提高影响力，发挥创新精神。教师良好的心理素质的标准是个体具有健康的

心理特征。具有责任心，积极向上的态度，这是教学效果能够保证的前提条件，现代社会因为竞争压力的增大，也会使教师产生压力感。因此教育素质培养中对于教师心理素质的发展研究也将是提高教师整体素质的重点。所以，给予广大教师一个友好的工作环境，和谐的工作氛围，对于教师进行一定的教育心理学培训，以及教师自我解压的能力培养都能够提高教师的综合素质。

努力提高教师教学的基本技能

现代教育教学理论认为，中小学教师的教学基本技能主要包括教学设计、课堂教学、作业批改和课后辅导、教学评价、教学研究等五个方面。教师应结合教学实际，有计划地进行系统的教师教学技能训练，将专业知识和教育学、心理学的理论与方法转化为从师任教的能力，以胜任所从事的教学工作。

(1) 教学设计技能。第一，制订课程授课计划的技能。对自己所授课程在学校总体的教学计划中的地位作用有正确认识；能够根据教学计划制订详细的课程授课计划和教学进度计划。第二，撰写教案的技能。掌握撰写教案的基本程序和方法；掌握教材的知识结构和体系，正确把握教材的内容和重点、难点；能够根据教学大纲和学生的接受能力对教材进行恰当的处理；能够根据教学内容和教学对象制定恰当的教学策略，优化教学方法；会编制电子教案，在课上演示和供学生在校园网上学习。第三，使用教学媒体的技能。掌握常规教学媒体及其教学特征；掌握现代教学媒体及其教学特征；掌握教学软件、课件的编制及其使用方法。第四，了解学生的技能。掌握了解学生的一般方法；熟悉教学对象的总体思想状况和知识基础，了解教学对象的个别差异（包括智力水平、心理特征和个性倾向）。

(2) 课堂教学技能。第一，组织教学和导入新课的技能。建立和维持正常课堂教学秩序；明确意图，集中注意，创造师生交流环境；掌握导入的类型，选择适当的导入方式；合理控制导入时间。第二，运用教学语言的技能。语言生动、形象、优美，通俗易懂；简练，逻辑性强；口头表述与体态语言相结合。第三，设疑和提问技能。设问要有针对性，富有启发性；措辞精当，选择适当的设问时机；设问速度适中，有必要的停顿，注意学生的反馈；学生回答问题后给予分析评价和必要的引导、总结。第四，板书技能。板书反映教学的主要内容，突出教学重点；板书设计层次分明、简练、逻辑性强；板书布局合理，字迹大小适宜，疏密得当；板书文字书写规范，并保持适宜的书写速度。第五，讲授的技能。讲授具有科学性、教育性、启发性和艺术性；掌握事实、概念、原理、规律、应用等不同教学内容的讲授方法；善于引导学生把握事物的内在联系和规律，发展思维能力。第六，总结结束课程的技能。归纳总结要简练、概括、突出重点；总结要使教学内容前后呼应，形成系统；总结要有启发性，有利于学生拓展、延伸和自学。

(3) 作业批改和课后辅导技能。第一，布置作业的技能。能够根据教学大纲和教学内容选择作业形式，注意理论联系实际，启发学生思考；能够合理控制作业的数量和难易程度，作业要求明确，并规定具体完成时间；在学生完成作业过程中，及时予以指导。第二，批改作业的技能。选择合理的作业批改方式，能够正确总结出学生作业中普遍存在的问题，批与改、批与评相结合。第三，课后辅导的技能。能够及时回答解决学生提出的质疑；既进行课程内容的辅导，也进行学习方法的指导。

(4) 教学评价技能。第一，命题技能。能够准确分析、确定教学内容的目标要求；能够根据考试目的和内容确定题目的难度和题型；掌握试题编制的一般原则。第二，评卷及分析试卷的技能。掌握评卷的一般程序和方法，合理掌握评分标准，减少评分主观误差；能够科学地分析每个考试题目的质量和考试结果的可靠性与有效性；能

够撰写客观、科学的考试质量分析报告。

(5) 教学研究技能。第一，掌握教学研究的基本方法。掌握教学研究的基本程序和方法；掌握选择课题、制订教学研究计划的原则和方法；掌握经验总结、调查问卷、科学观察、行动研究、教育实验等教育应用研究的基本方法；掌握对教学研究资料进行统计、撰写课题总结和研究论文的方法。第二，了解学科发展动态和吸取科研成果的技能。了解本学科发展的动态；了解本学科和相近学科新的科技成果及其应用；根据学生实际情况，在教学中吸取先进的科研成果，更新教学内容。第三，信息检索技能。掌握本学科的主要文献种类；掌握图书馆书目的检索方法；掌握用微机在因特网上收集资料的技能。

教师教学能力的培养是一个很大的课题，是一个要求教师能够全面的完善自我和发展自我的过程。随着教育被赋予新的解释，对教师的素质要求也更加全面。这要求我们必须以一种学习型的状态完成知识的积累和更新，努力提高综合能力。[1]

科研能力

提高教师科研能力的紧迫性

提高教师的科研能力对于学校可持续发展具有重要的战略意义，而当前一些学校整体科研水平低，缺少浓厚的学术氛围，教师搞科研的积极性不高，这就制约了教师的长远发展，因此，提高教师科研能力刻不容缓。江泽民在十六大报告中论述全面建设小康社会的奋斗目标时指出：“形成全民学习、终身学习的学习型社会，促进人的

[1] http://hao.360.cn/?safe

全面发展。”这无疑是一个宏伟的奋斗目标，如何实现这一目标，全面推进素质教育，提高青年教师队伍的整体素质，成为摆在广大教育工作者面前的一个严峻课题，而培养教师的教育科研能力是一条有效途径。

唐代诗人韩愈在《师说》中说：“道之所存，师之所存也。”作为一名现代社会的教师就要不断地谋“道”。这个“道”应该是教师所具备的品德、知识、能力等素质。从现代教育的角度来看，它不仅仅是教师自身思想品德的升华，教育观念的更新，学科知识的丰富和教学技能的提高，而且更主要的是教师不断地培养自身的创新精神和发展自身的创新能力。《学记》提出“既知教之所由兴，又知教之所由废，然后可以为人师也”和“记问之学，不足以为人师”的观点，对于每一位教师都有重要的现实意义。如果教师仅停留在传授所教学学科现成知识的层面上，没有创新精神和创新能力，不能或不去探究“兴”、“废”的原因，不能不断地发展传授给学生的“道”，那么他们只能扮演“传话筒”的角色，只能培养出眼界狭窄、目光短浅、思维迟钝、想象贫乏的学生，而不能培养出适应现代社会生活和未来社会需要的有用人才。

办好教育必须重视教育科学研究。因为教育科学研究是以揭示教育客观规律，指导教育改革发展实践为使命的一项探索性活动。科研兴教，科研兴校，向教育科研要质量，促进学校的可持续发展，逐渐成为教育工作者的指导思想和工作思路。作为实施素质教育主体的教师，如何提高自身的教育科研素质，努力向科研型教师转化，成为适应新课程要求的教师，由传授者转化为促进者，由管理者转化为主导者，由居高临下转向“平等中的首席”，是全面推进素质教育，保证新课程顺利实施中的一个重要课题。

然而，由于长期以来中小学教师的继续教育不足和对中小学教育科研不够重视等原因，中小学教师的教育科研素质较差已成为较普遍的现象。现在，社会上仍有不

少人片面地认为，中小学教师的视野和能力有限，不能担当教育科研的任务，或者认为中小学教师一般都没有时间和精力来参加教育科研工作。也有相当多的中小学教师认为自己的本职工作就是上好课，教育科研是大学教师的事情，与自己没有关系或不大。他们满足于自己积累教学经验，而不善于把自己和他人的教学经验进行分析与综合、抽象与概括，进而上升到理论高度。因而，多数教师只是凭自己的经验进行教学和以单纯传授现成知识为中心的经验型教师。与此同时，仍有不少学校和个人依然以教学以经验的多少，作为判断教师水平高低的主要的或唯一的标准。做经验型教师全然成为许多教师的追求目标。这在一定程度上又助长了教师注重知识传授的做法。总之，经验型教师重模仿而轻创新，重积累而轻发展，因而其多数只能成为机械传授现成书本知识的"教书先生"。

目前，中小学教师缺乏必要的创新能力，特别是教育科研能力，这是阻碍他们积极投身于教育改革的最重要因素之一，也是素质教育在一些学校没有取得预期效果的重要原因。因为中小学教师在实施素质教育过程中必然会遇到很多理论问题和实践问题，这些问题多是在书本上也找不到现成答案的。实施素质教育的过程是一个探索和研究的过程。中小学教师不能简单模仿，更不能因循守旧，而要根据社会的要求和学生的需要进行创造性的工作。在快速变化的信息社会里，中小学教师必须意识到自己职责的变化。教师的职责现在已经越来越少地传递知识，而越来越多地激励思考；除了他的正式职能以外，他将越来越成为一位顾问，一位交换意见的参加者，一位帮助发现矛盾论点而不是拿出现成真理的人。他必须集中更多的精力去从事那些有效果的和有创造性的活动：互相影响、讨论、激励、了解、鼓舞。显然，片面注重知识传授的经验型教师，已不能适应素质教育对所要培养的具有创新精神和创新能力的人才的要求，而具有创新精神和创新能力的科研型教师正是素质教育成功实施的重要保证。

素质教育的实施既要对原有教育中的弊端进行改革，又要在现代教育思想和教育理论指导下，探索适合全体学生都能得到发展的新对策、新途径。广大中小学教师在经过教育思想大讨论和对素质教育思想与理论的学习之后，已经较充分地认识到了教育改革的重要性和必要性，都十分赞成和支持教育改革，也愿意积极参与到改革进程中去。这是全面实施素质教育的一个极为有利的条件。在竞争日益激烈的知识经济时代，创新已成为一个民族的灵魂。培养学生创新精神和创新能力已经成为一项重要的教学任务。要完成这一任务，中小学教师应努力把自己培养成科研型教师，不断提高自身的整体素质。

如何提高自身素质向科研型教师转化 /

学习现代化教育理论，形成符合时代潮流的教育观念

随着信息技术的发展，人类进入了学习型社会。学习型社会是一个前所未有的教育和学习的时代。一方面，新技术的发展突破了时间和空间的局限，可以把最准确和最新的信息传播给地球上的任何一个人，为中小学教师的继续教育提供无限的广阔的可能性；另一方面，我们处在信息化社会，这在客观上要求教育的主题发生根本的改变，即要求学生的学习目的从传统的“学会知识”转移到“学会学习”上来，相应地，教师的教学目的也必须从注重“知识传授”转变到注重“知识创新”上来。在实施素质教育过程中，中小学教师要进一步加强学科知识素养，拓宽文理知识基础，不断提高自身的教学能力和水平。要注重学习最新的教育理论，及时更新自己陈旧的教育观念，树立起符合时代潮流的教育观念。中小学教师要转变以继承为中心的教育思想，树立培养创新精神的教育观念；转变以学科为中心的教育思想，树立整体化知识的

教育观念；转变以发展智力为中心的教育思想，树立智力与非智力协调发展的教育观念；转变以做事为中心的教育思想，树立做人与做事相结合的教育观念等。思想观念的变革对人的思维方式、行为模式的改变具有决定性的意义。要做科研型教师就必须形成新的教育观念，尤其是不断创新的观念。

提高教育科研能力，形成“教研相长”的教学模式

具有一定的教育科研能力是科研型教师必须具备的一项重要素质，也是科研型教师的主要标志之一。中小学教师除了要转变教育观念，增强教研意识和勇于尝试的精神之外，还要提高自身的教研能力，这样才能把自己的教研愿望变成现实，才能出成果、见效益。在当今的信息社会里，中小学教师尤其要注重提高自身的处理信息能力，包括善于发现、选择、简化和整合信息，对已有的信息进行创造性的处理，综合成新思想、新观念等能力。教研能力的培养必须结合自己教育教学活动来进行，对同一教材运用不同的新的教学方式，组合种种教具和方法展开教学，从而培养自己的教学创新能力。提高教研能力的根本目的是为教学服务，即达到以教研促进教学水平不断提高的目的。做科研型教师就要边教学边教研，在教学中发现问题，通过教研解决问题，形成教学和教研相互促进，共同提高的教学新模式。

增强教育科研意识，不断进行教学改革尝试

中小学教师只要刻苦学习，勤于思考，就一定能从备课、上课、批改作业和课外活动等教学环节中，以及从当今教育改革的重点、难点、热点中发现值得研究的问题，找到解决问题的办法。中小学教师要在教育理论的指导下，提出解决问题的假设，不断地进行教学改革尝试。成功来源于尝试，没有尝试就没有成功。有不少中小学教师对教研有一种可望而不可即的神秘感，缺乏亲自动手动笔去做的勇气，因而即使有过很好的思想火花，也时常错失创新良机。要打破教育科研的神秘感，大胆地在教学中进行教学改革试验，努力探索解决问题的有效办法，这是向科研型教师转化的基本途径。可见，教学与教研具有强大的综合功能，它能确保教师的精力和智力准确、恰当、高效地投入到教学实践中去。教研意识就是一种寻求问题和不断探索问题解决方案的积极倾向。科研型教师突出地表现在具有较强的教研意识，对于同样的教育现象，别人可能会无动于衷，而科研型教师却会从中发现问题，做出精彩文章。

加强相互合作，全面提高整体素质

首先，要加强同事之间的合作，营造出一个互相激励、互相支持和互相帮助的科研氛围，学会用集体的智慧研究和解决教育教学中的问题。其次，要加强与地方教科研部门和地方高校之间的协作，通过它们的指导和帮助，进一步明确自己的教研方向，丰富自己的理论知识，提高自己的研究能力。当然，中小学教师对学生各项素质的全面发展负有重要责任。因而，不能在提高自身素质时顾此失彼，而应着眼于整体素质的综合提高，在思想素质、道德素质、业务素质、心理素质等方面成为学生的榜样，通过自己的一言一行对学生产生积极的影响，取得更好的教书育人的效果。

总之，中小学教师只要勤学不厌，勤思不怠，大胆试验，努力创新，就一定能不断提高自身的教育科研素质，把自己培养成合格的科研型教师。

培养和提高中小学教师教育科研能力的途径 /

学校实施素质教育，教师是关键；教育科研，也要以教师为本。过去，由于教师编制紧，教学任务繁重，再加上认识的局限，中小学教师普遍缺乏科研意识。近几年，我国中小学教师教育科研十分活跃，中小学教师教育科研意识明显增强，一个普及性、群众性教育科研局面已经形成。但目前中小学教师教育科研的基础素质相对薄弱，科研能力尚显不足，在一定程度上影响了教育科研的有效推进，若不及时引导，必将挫

伤教师参与教育科研的积极性，形成中小学教师教育科研内部的恶性循环。解决这一难题的重点是逐步培养和提高中小学教师教育科研能力。如何培养中小学教师的教育科研能力呢？大体有以下几条途径。

认清形势，转变观念，强化科研意识，把教育科研内化为教师的精神需求，这是培养和提高中小学教师科研能力的前提

中国教育的实践和当今教育的发展都表明，没有教育科研的教育是不成熟的教育。只有重视和加强教育科研工作，充分发挥教育科研实验探索、理论论证和开拓创新的先导作用，注意以先进的教育理论指导教育实践，我们的教育才会获得成功，取得更大的成就。所以党和政府十分重视教育科研，并对教育科研的地位和作用，以法律的形式加以确定，写入了《中华人民共和国教育法》和《中国教育改革和发展纲要》之中。我们要了解到当代教育对教师提出的要求，逐步认识到具有一定的教育科研能力是中小学教师完成教育教学任务的必要条件。

一是转变观念，增强教师开展教育科研的自觉性。长期以来，在教育理论研究和教育实践这两块领地里存在着分工：从事教育科学理论研究的是那些专门研究人员，而从事教育实践的则是第一线的教师，这就使得中小学教师产生了一种错误的观念。他们认为搞教育科研是那些“脱离实践”的专家们的事情，他们不能“越俎代庖”。工作在教育第一线的教师，不开展必要的教育科研，使得许多好的教育经验自生自灭，得不到及时总结，多种多样的教育问题得不到及时解决。脱离教育实践的教育理论往往显得高深莫测却解决不了实际问题，脱离教育理论指导的教育实践，长期囿于低层次经验摸索，有些甚至常年在原地绕圈子，教育质量提高缓慢，违反教育规律的事屡见不鲜，严重地影响了教育事业的发展。学校必须采取各种措施，转变教师的观念，使教师在认识上把教育科研看作是教育的一个组成部分，进行教育科研是每个教师必须履行的职责，使教师增强开展教育科研的自觉性和主动性，成为教育科研的主人。

二是确立科研意识，掌握科研理论。在传统教育观念的影响下，不少青年教师认为自己的责任是“传道、授业、解惑”。针对这种想法，就必须在确立科研意识上下功夫，消除对教育科研的模糊认识，确立科研就在身边的意识。教师身在教育第一线，有成功的喜悦，也有失败的苦恼，这就为科研课题的选择创造了有利条件；因为在教学第一线，所以进行教育调查、组织教育实验就十分便利；也正因为在教育第一线，所以就更容易将自己的研究落实在教育理论与实践的结合点上，切实提高教师的理论思维能力和教育教学能力。投身教育科学研究是教师专业发展、尽快走向成熟的有效途径。中小学教师从事教育科学研究普遍存在缺乏系统的教育理论和科研方法的问题。为此，可聘请教育科研专家从选题、科研方案设计、实验以及教育反思、教育论文、和研究报告的写作等环节提供具体指导；根据一定的主题，组织教育科研讲座，普及教育理论知识，丰富中小学教师的教育理论素养；中小学教师还可以订购有关教育科研的书籍、杂志，阅读自学，扩大视野。

注重学习，提高教育理论素养，这是中小教师形成和提高教育科研能力的基础

加强学习，确保教师开展教育科研的科学性。从心理学角度看，第二信号系统的发展是人类意识发展的最直接原因。由社会经验总结成的概念和理论较之个人在实践活动中所获得的直接印象的经验要丰富得多，广泛得多，对现实的反映也深刻、全面、完善得多。教师欲求得对教育活动的完整而清晰的认识，仅有感性的、实在的、具体的教育活动的体验是不够的，还必须加强教育理论的学习，才可以获得关于教育现实的复杂的完整的有意识的印象，才可以丰富和完善个人经验。

首先，教育科研不仅需要教师具有深厚的专业知识，精湛的教学艺术，而且需要

广博的教育理论知识，较高的理论素养。人们对教学的认识，较早和较快地用的是关于认识论的思想。教学论在不断发展、深化，这种发展是得力于方法论的改进。教学是实现人的社会化的一条基本途径，自然应重视教学过程中的人际关系问题，这就涉及到伦理学问题。教师教学实践的创造性决定了教学是一门艺术，看来，教学与美学也应挂起钩来。其次，教师的教育科研能力，实质上是教师在教学实践中发现问题，分析问题，解决问题的能力。爱因斯坦强调："发现问题和系统阐述问题可能比解决问题更重要。"如果教师缺乏与教育相关的理论知识，就不能深入领会教育的实质，就不能从教育哲学的高度分析、评判自己的教育行为，就不能发现教育实践中有价值的问题，更谈不上进行教育科学研究了。可见，当务之急是丰富和调整中小学教师的知识结构。教师要树立终生学习的观念，树立学以致用的观念。

循序渐进，点面结合

中小学教师刚开展教育科研时，水平低一些，理论深度浅一点都很正常。如果要求过高，教师达不到就容易形成失败定势，挫伤开展教育科研的积极性。所以，起步阶段应该要求教师选择一些反思性的经验研究课题。

所谓"反思性的经验研究"，就是结合自己的教育教学实际，通过理论学习，把自己的经验上升到理性水平上加以归纳，从中发现规律，反思自己工作中的不足之处，总结自己成功的地方。随着教师教研水平的逐步提高，应及时地提出更高的要求：三级教师侧重于教材研究，二级教师侧重于教法、学法指导研究，一级教师尝试前瞻性的探索研究。所谓"前瞻性的探索研究"就是针对学校教育教学过程中的问题，在调查分析、理论探讨的基础上提出设想、开发方案，然后开展实验或准实验的实践研究，探索规律，从而更好地指导教育教学实践。所谓"点面结合"就是学校要以一部分科研骨干为重点，抓重点课题，对他们重点扶植、重点帮助，使他们得到较快较好的发展，以带动其他教师。同时，学校也要注意面上的普及工作，对全体教师普遍提出要求，把教师科研队伍建设的“点”和“面”结合起来，用“点”上的事例带“面”上的发展，用“面”上的发展促“点”上的提高。

在“教”中“研”，在“研”中“教”，将教育科研渗透于常规的教育教学之中，在实践中学习、积累教育科研的方法，这是学校培养和提高中小学教师教育科研能力的关键

只有在“教”中“研”，才能正确把握教育科研的方向，只有在“研”中“教”，才能迅速提高教育教学质量。在“教”中“研”和在“研”中“教”，不仅使教师认识到教育科研和教学活动的密切关系，更重要的是它强调了教育科研的实践性。任何能力的形成过程都离不开实践，教育科研能力的形成也不例外。同时学校申报科研课题只有以这一“教”“研”观念为依据，教师才有参与教育科研的机会。教研组是学校落实教育科研的主阵地，教研组长要站在教育科研的高度，围绕课题开展教研活动，将教育科研和教学常规管理有机地结合起来，让教师参与课题研究的全过程。

重视教研，促进教师开展教育科研的有效性

教研为教育服务，是说教师的教育科研应该从教学实际出发，把教育科研同自己的工作紧密结合起来。教研组每学期要制订教育科研计划，选择可行的课题并具体落实到全组的各位教师身上。

在教研组内，要充分发挥老教师和骨干教师作为教育科研带头人的作用，在全组内形成浓厚的从事教育科研的风气。抓住一个“学”，即组织教师学习文化知识、教学大纲、教育科学理论和先进教育方法等。通过学习提高教育理论水平，增强科研意识。体现一个“导”，即对教育中存在畏难情绪的教师进行疏导，对业务不熟练的教师进行指导，对学校教改方向和学科教学思路进行引导。突出一个“研”，即增强教师的科研意识。针对部分教师整天埋在作业堆中，不善于研究、总结和提高的现状，学校

应充分发挥教导处的导向作用、教研组的职能作用和骨干教师的带头作用，调动教师参与教育科研的有效性。做好一个“结”，即把教师中点点滴滴的工作体会上升到理性认识。通过教育论文评比、教育质量分析会、教改经验交流会等，认真总结，积极交流，以推动学校教育、教研和教改工作。

同时，要完善制度，提高教师开展教育科研的规范性。学校要完善一整套教育科研工作制度：一是理论学习制度，不断引进教育科研新信息，把讲座与学习结合起来。二是课题申报制度，教师首先依据各自实际自选课题，学校统一调控，论证立项。三是科研成果汇报制度，每学年进行一次校级教育科研成果交流活动，通过交流对科研成果进行认定。四是科研奖励制度，通过层层推选，逐级推荐，对成果显著的课题给予奖励。另外，学校每年还要选派一定数量的教师参加诸如教师进修学院、教育学院、师范院校等培训机构组织的培训。培训机构要不断完善培训功能，要改变过去仅限于教育能力、素质等方面的培训，要重视教师教育科研素质的培养，创设内容丰富、形式多样的教育科研培训项目，为教育科研尽力。通过制度的完善，提高教师开展教育科研的规范性，使教育科研工作产生了竞争机制，增强了教师的教育科研意识，促进了教育质量的提高。

加强管理，调动教师开展教育科研的积极性

长期以来，学校管理存在着局限性，对教师的评价只注重教育质量和升学率的高低。这种评价方式严重扼杀了本来少有人参与教育科研的积极性。因此，学校的管理面应该拓宽，要使教师的教育科研管理成为学校整个管理体系中不可缺少的部分。学校要实施有效的工作方针和政策配套。在学校建设方针上，要牢固树立“科研兴校”、“科研兴教”的全新观念；在学校工作中，要正确处理好科研与管理、教育的关系，使二者有机结合，相互促进，以达到领导决策、管理、教育都建立在教育科研基础之上的良好效应；在政策措施上，应建立有利于教师成才的目标激励机制，引导教师热心教育科研，以科研兴教。学校还要以目标管理的方式，对教师的教育实践活动有计划有步骤地提出教育科研要求，适时适量地给教师压担子，下任务，定专题，使教师将教育与科研结合起来。定期交流，定期检查，并与教师的工作考核挂钩，做到循序渐进，充分调动教师开展教育科研的积极性；持之以恒，教师的教育科研意识就能日益强烈而内化成一种自觉需要。

/ 组织能力 /

在实践中，课堂提问浮浅、随意、琐碎甚至无效，不能激发兴趣，启发思维，引发争议，阐发观点，形成学生良好的思维品质，这就需要正确的理论性的指导。课堂成败与否，课堂效率的高低，不仅依赖于教师的学识水平、语言表达能力、评价艺术等，更重要的在于教师的组织教学能力。

在听课过程中发现，有的教师上课时准备得非常充分，制作了精美的课件，准备了实物，可课堂效果却很不理想。有不少学生游离课堂，教师不得不在授课的过程中停下来三番五次地维持课堂听讲纪律，上课结束后教师也觉得很苦恼。驾驭能力强的教师一进课堂就有大将风度，成竹在胸，充满信心，面对复杂、多变的课堂，能驾轻就熟、游刃有余地指挥调度；能牢牢地吸引住学生的注意力，充分地调动学生的学习积极性，出色地完成教育教学任务。而驾驭能力差的教师在课堂上往往会不同程度地表现出自信心不强、情绪低落、教学环节紊乱、缺乏系统性、应变能力差、不能调动学生参与积极性等缺点。学生应该在教师的精心组织下，围绕课堂教学目标，充分利用课堂45分钟，在有限的时间里，进行有组织、有纪律、高效率的学习。可以说，教师课

堂驾驭能力的高低是课堂教学成功与否的关键。为什么会这样呢？问题主要是由于教师课堂的组织能力欠缺引起的。

只有激情和对工作的热情是远远不够的。教师要树立自己的威信，必须要有很强的责任心、事业心，必须对自己所承担的课程及整个学科领域有深刻的理解和深入的研究，还要为学生树立治学的严谨典范。教师的课堂要板书工整、作图规范、逻辑严密、论证有力，要敢于承认自己的错误并及时订正，教师要客观地点评学生的作业与考卷，对就是对，错就是错，让学生感受到“在真理面前人人平等”氛围，让学生体会“认真对待每一件事”的感受。

要教好书，育好人，教师必须坚持不懈地练好教学基本功，不断地探索教育的规律和技巧，努力提高自身的业务水平，增强育人能力。教师首先要认真对待自己的每一堂课。其次要充分备课，备课要从整体上着眼，只有整体把握得准，重点才能把握得好，不要使学生不知所云，显得课堂内容空洞；备课时要注意过多的头绪只能让学生无所适从，使短暂的一堂课只能解决一两个大问题，多数时候只能坚持“一课一得”的原则。再者，教师还要从精神上做好充分的准备。因为上课语言极富穿透力，内容丰富、现实，形式生动，难易适中，照顾主体，就能够吸引住学生，所以，教师每天都要有充足的精神，让学生时常被教师精神所鼓舞，被教师的充沛精力所感染，给部分无心向学、违反秩序的学生以威慑力，这样就实现了师生同坐一条船。

掌控好课堂教学环节是驾驭课堂的关键，课堂教学组织能力也是教师组织能力的重要体现。

组织好一堂课的开端　一个良好开端是一堂课成功的一半。教师要采用恰当的开课技巧，创设良好的情境，使全班学生很快进入积极的学习状态。具体做法：一是组织好教学情境。上课准备铃响，要用眼神暗示学生做好上课的准备工作。课铃响，教师立即登上讲台，此时要环视全班学生，检查有无缺席，情绪怎样，同时也以自己的饱满的精神状态为示范，暗示学生要振作精神，尽快进入教学情境之中；二是创设良好的教学情感的氛围。教师要把自己对学生的期待及对教材的情感，尽快融入教学的情感中，使学生在情感上与教师产生共鸣，促使他们表现出与教师配合的积极性；三是根据不同教学内容采用不同的开课技巧。

抓好课堂秩序的管理 中小学生由于自我约束能力有限，课堂上难免会分心。如果教师在课堂上管理乏术，必会导致课堂一团糟。管理好课堂秩序是教学活动正常进行的基本保证，有助于师生教学情绪的稳定，有助于师生双方信息的交流。课堂中难免出现少数学生听课厌倦、走神、睡意蒙胧、出现小憩或昏昏大睡；讨论问题时，谈论一些非相关问题，说怪话、搞小动作、看其他书籍等，这时要运用语言信息和非语言信息调控学生的学习情绪，以平衡教学活动。发现学生有困意、走神、说闲话、搞小动作或继续讨论时，可突然提高语言音量，或压低音量，甚至可以是稍作停顿，就可以达到让他们的思绪收回来的效果。也可以在重点、难点之处借助语速及语调的变化来提醒或警示困倦者。还可以利用在重、难点中具体而富有情趣的实例，来活跃课堂气氛；同时隐含针对性的语言，来引起学生的注意和警觉，从而达到使学生精力集中，把心收回来的效果。如果偶然遇到外来干扰信息，教师可采用幽默性语言加以过渡，一笑以置之。利用课堂的提问来转移学生的注意，在个别学生不专注时，采用突然提问其周围的同学，使学生从其他思绪中转移过来。也可采用夸张的手势或对某些同学引起警示注意的手势，让课堂中的不合理现象消灭于萌芽之中，达到“无声胜有声”的目的。

利用教师“变位讲课法” 教师在非板书较长的时段内，走下讲台，在教室内“做变位讲课”，以引起学生的注意，可以打消学生心目中，由于距离效应自然而然产

生出老师发觉不了的心理感应，由于教师授课的方位发生变换，给学生视觉、听觉都带来新感受，同时老师在变位讲课时，如能伴之以视觉效果、手势效果的配合使用，更能拉近师生之间的时空距离和情感距离，从而使课堂教育效果妙不可言。

利用教师"眼神"调节好课堂情境 其一，要练就善于发现学生心理变化的本领，尤其是在课堂开始的组织教学环节中，不应该只是对"师生问好、环视全体学生"走走过场，对个别学生表情变化做好观察和分析，有时通过反复的"定视"交流将有利于防患于未然。课堂上不能由着学生，不听讲的要提醒，不参与的要调动。其二，在"定视"中要练就眼神和面部表情丰富变化的本领。如对学生困倦、走神、要搞小动作、看其他书等的细微变化，做到通过眼神、面部表情的变化，采取"警示—批评—希望—鼓励"，从而达到师生间心理沟通和共鸣的效果。这样眼神的交流在某些场合下比言语的直接批评、惩罚更有效。

语言激励法 语言是教师课堂的法宝，一句恰当的激励，一句中肯的提醒，一句落地有声的要求，都会从学生的视觉进入学生内心，对学生约束和调整自己的学习行为起到一语中的之功效。

在课堂教学中既要把握学生的主体地位也不能忽视教师的主导地位 没有教师主导作用的课堂，将是一种涣散自由的课堂；没有学生主体作用的课堂，仍然走回了应试教育的老窠臼。教师在课堂上应该放开手脚，当需点拨时还需点拨，当讲授处还需讲授，真正做到放得开，收得拢。当然在学生思路走远了以后如何选取适当时机收回来，更是一个需要事先想到，并在课堂上灵活处理的问题。

对学生一定要人人平等 在课堂上，面对教师提出的问题，学生的回答五花八门，有的接近教师的标准答案，有的跑题太远但很有创意，有的错误百出。作为教师，一般喜欢接近标准答案的学生，并且会一步一步地引导学生向自己希望的教学目标靠拢，学生得到的是教师的笑容，教师的肯定；答错误的同学得到的是教师的忽略，甚至被罚站，学生感到羞愧；有创意答案的但又离教学目标太远的同学，话没有说完，就被教师打断，得到的是教师的漠视。一位优秀的教师，具备较强驾驭课堂能力的教师，呈现的则是这样的教学情景：每个学生都被教师充分关注，答错误的学生得到的是教师的引导，鼓励他继续思考；偏离教学目标的被教师巧妙地、及时地拉回思维。教师既做到充分重视学生的意见，又兼顾到本节课的教学目标。在这样的授课情景中，教师完成了传道者、授业者、解惑者、朋友等角色，很好地促进了学生的学习。如果教师过分严肃，权威性太重，指令性语言过多，学生就会沦为知识的容器，只是被动地接受，课堂上很难体现学生的主体地位，学生的学习兴趣就非常的低下。要尊重学生，平等的交流，让学生把想说的话说完，而不是打断。

提高教师组织学生学习活动的能力，让学生体验成功。研究表明，教师的知识水平达到一定的临界值以后，不再因为教师的知识水平越高，教学效果就越好。而教师的另一类素质却会对教学效果产生最直接、最显著的影响——这就是教师的教学组织能力，尤其是组织学生学习活动的能力。一个孩子能学好，能成才，绝不是教师教出来、逼出来的，而是靠他们自己学出来的；课堂教学怎么叫作是完成教学任务，不是教师讲完了、讲清了就行，只有学生学会了，才算完成教学任务。因此教师备课不能只备怎样教、怎样讲，而是要备学生怎样学习——把教师组织学生的学习活动作为备课的重点。如果教师备课达不到这个要求，就是不合格，要推倒重来。现在有一种说法叫“该讲的还是要讲”，这话当然有道理，但该讲不该讲的依据和标准是什么？是教师的判断还是学生的需要？如果是教师的判断，教师认为得意的地方就放开讲，那还是“以教为本”，未必适合学生的需要。如果从学生的需要考虑，则可以作进一步讨论。学生遇到了困难，产生了疑问，是老师直接讲给他听好、还是让他自已动一番脑子好？

教学过程实质上是教师主导下的学生个体的认识过程、发展过程。学生学习的主体性并不是哪个人的刻意追求或仁慈赋予，而是他们作为学习者所天然具有的。但可惜我们的教育观念和教育行为与这种教育的基本事实相去甚远。把学生仅仅看作教育的对象和灌装知识的容器。在课堂教学中重教轻学、重知轻能、重记轻思、重外部控制轻内部转化，经过代代传习，已经形成具有超稳定结构的经验系统。许多教师教学改革的愿望也十分强烈，但他们的改革却步履维艰，这是什么原因？是因为他们的已有经验系统在起作用。当这种经验系统能够派上用场的时候，是不愿放弃的，更何况目前还有许多相关因素在强化这种经验系统。有重组这种经验系统的决心和行动，课堂上孩子们就不再是整齐划一、举止呆板的木偶，不再是知识的容器，不再是应试的机器，不同的意见可以自由的发表，不同的个性可以得到张扬，厌学就会变为乐学，教育实践就提升到一个新水平。[1]

/ 表达能力 /

教师是书本知识与学生之间的联系纽带、运输通道。唐代文学家韩愈说过："师者，传道、授业、解惑者也。"我们在听课之后，总体感觉是教师们都注重了教学程序的设计、学生基础知识的传授、基本能力的训练、学习方法的辅导、思想品德的教育，但是在口语这个传授中介物的训练上下的功夫还不够。同样一篇文章、同一种教学程序设计，不同的教师讲出来的味道完全不同，学生的学习情绪及效果也完全不同。这种情况下教师口语表达能力的强弱直接决定了课堂教学效果及整个教育质量的好坏。可见，教师必须练就较强的语言

[1] http://www.xwjy.org/tresearch/a/166965420cid00002.

表达能力。

要勤于读书，善于积累

教师的一切底蕴皆来自读书。很难想象一个不读书的人嘴里面能吐出一点幽默生动、智慧联翩、让人忍俊不禁的语言来。苏霍姆林斯基说，只有当教师的知识视野比学校教学大纲宽泛得无可比拟的时候，教师才能成为教育过程中的真正能手、艺术家和诗人。曾记得有一位有名的教师也曾说过，吾三日不读书，则觉面目狰狞，食亦无味，语也可憎。可见，读书对于教师语言积累的重要作用。

2005年《中国教育报》评选出的十大读书人物，皆对读书积累谈了自已的看法：身为特级教师兼教育局长的李希贵发出“朝阳读书，播撒感动的种子”的感慨。他说：“也许，一本书只能给学生以三分钟热度。但是，正是这些三分钟热度的积累，才会锻打出生动的人生，才有了我们梦寐以求的感动。”郑杰说：“我始终认为读什么书并不重要，开卷有益，不应设置什么读书禁区。只要开读，渐渐地就会不满足于一般的阅读。书一定会读得越来越高深，越读越有品位的。”看来，读什么书，真可谓是“有一千个读者，就有一千个哈姆雷特”。各有各的阅读爱好。但有一点是共性的，那就是开卷有益。请记住，只要开卷，那一定有益！读后思一思，写一写，对于语言素材的积累也十分重要。大体上来讲，人人都是有阅读习惯的。但名人与普通人质的区别就在读后做什么的问题上存在差异。陶继新强调读书后重在做人。他提出“善待他人，发展自我”，和“己欲立而立人，己欲达而达人”的观点。郑杰则提出“爱书、读书、写书、劝读书”的一条龙体系。读书要善于思考，读书要有选择，不盲从，不轻信，不以书唯上。读书后勤于做笔记，要勤于做反思。现在好多优秀的教师都建立自己的博客，写网络日记，写班上孩子的成长故事。其实就是反思的一种。可见，写笔记，写成长日记，写教育反思是教师成功成长的阳光大道。也许有人要问：你说得轻巧，教师们整天要备课，批

作业，辅导差生，时间从何而来？我们听听名人是怎么说的。郑杰说："你年轻时谈恋爱，会说没有时间和女朋友谈恋爱吧？想来不会。那从哪里获得额外的读书时间呢？我的经验是给自己做减法，减去一些意义不如读书那么重大的活动，对这些活动要敢于说不。客观地说，在我们周围诱惑实在不少，各种各样诱人的愉悦感官的活动都拼命从读书人队伍中拉人，拉走那些对书并不虔诚的人，拉走那些定力不足、耐不住寂寞的人……车上、飞机上、床头上、只要想读书，总会有时间。"

现在看来，读书和思考写作的时间只要我们去挤，还是能够挤出一点儿的。关键是我们是否有这个读书的心态和愿望。书读得多了，自己心中就有了东西，也就有了厚积薄发的资本。再表达出来，则是很容易的事了。

要不断锤炼

光有了好的积累还不够。有的人悟性较好，性格也活泼，平时注意说话练习，可能语言表达上没有什么问题；可有的人天性内向，见生人就面生，就脸红，胸中的千言万语总是很难恰当地表达出来，有人把他形象地称为"茶壶里煮饺子——倒不出来"。怎么办？就是要不断练习。要多说，且要有目的性、有针对性的练。话音不标准的，要听着广播，听着录音练，一字一字的去练。练完后，再录成录音，放出来，反复比较，时间长了，就会有收获的。古希腊德摩西尼生来就口齿说话不清，为了练习演说，他以跑步和爬山时作长篇演讲的方式增加练习量，用口中衔着小石子的办法校正发音。由于勤学苦练，持之以恒，他克服了先天口齿不清的毛病，口头语言表达能力提高很快，成为当时有名的演说家。闻一多先生也是勤学苦练的高手，他为了一次演说，第一次练说了八遍，晚上又出去练习十二遍。到了第二天，果然演说有进步，他认为还当益求精致。第三天又练习三遍。这样反复练习，才有了临场妙语连珠的效果。可见，流利的语言是靠日积月累的练习而磨炼出来的。

教师讲课时要尽量脱离讲稿

有的教师讲课，基本是照本宣科，教案上写什么，就按着教案讲什么。时间长了，不好的习惯就形成了。离开了教案，就感到无所适从。其实，备课只是一个熟悉教材的过程。进入了课堂，教师应尽量少看教案为佳。捷克教育家卡尔瓦绍娃经过研究表明，不看讲稿的讲述方式要比看稿的方式表达词语的数量增加50%。而且减少了概念性的名词，增加了描述性的动词，因而更适合听众的感受。魏书生老师的精彩报告，几千人的讲厅，三个小时的讲座。魏先生成站立状，语言滔滔不绝，其间没有看过一次讲稿，也没有准备讲稿，而且讲解体态、手势得体运用，口中妙语连珠。共青团中央知心姐姐心理健康宣讲团邢安平老师的讲座，亦无讲稿，但都能深深地打动观众。这是为什么呢？除了讲课者精彩的讲演内容之外，还可能包含了讲课者与听众的眼神等方面的交流。这些都是用语言无法替代的。

要有一个好的态度

做任何事情都要有好的态度，有了好的态度，事情便成功了一大半。教师面对的一个个天真活泼的少年儿童，如果一味地用成人的语言向他们讲课，孩子们是不喜欢的，不乐意的。因此教师一走进课堂，如要能马上就想到自己是儿童中的一员，是孩子们的伙伴。这样的自己，老师的架子没有了，孩子们已从感情上接近了好多。

常言道，感人心者，莫先乎情。饱含儿童情味的语言，使孩子们没有感到距离感，而增加了亲切感。这样的态度儿童喜欢，可老师们做起来也并不容易。有些老师看到没有擦去的黑板，作业本挤占满了的讲桌，还有哪份心思来欢笑？其实，有经验的教师总是能从混乱中寻找教育智慧，处乱不惊，化乱为奇。用不经意的一句幽默，化解了师生的尴尬，从而进入到一个最好的状态。凡事往好里想，人生就应这样。知心姐姐卢勤“太好了”的心态调整秘诀值得让大家借鉴。遇到任何事情，不管是好的，还是糟糕

的，总是对自己说“太好了”，真是“太好了”。当你遇到不顺心的事儿时，就能想到这给我提供了一次自我解放的机会，提供了一次幽默的机会，提供了一次创新思维的机会，提供了一次科学研究的机会。这样心态就正了，心态好了，语言的连贯性就有了，幽默感来了，孩子们也会随着你的心情舒畅而变得阳光灿烂。

总而言之，教师语言表达能力的提高，是一个量变而引起质变的过程。语言这东西，不是随便可以学好的，非下苦功夫不可。只要肯做有心人，肯做教书育人这份事业的有心人，肯做默默的研究者，肯做孩子的合作者，这点困难又何足挂齿呢？[1]

/ 管理能力 /

教师是学校群体的重要组成部分，是学校管理的客体，要受到学校管理制度、管理措施等方面的约束，更是学校管理的主体，是学校教育和教学管理的一支骨干力量，是学生工作的主要管理者。教师经常面对学生的集体和个体，必须具备应有的管理工作能力，才能有效地进行教书育人。教师的管理工作是一个多要素、多层次的复杂过程，因此教师的管理能力也是多方面的。这种能力平时处于潜在状态，一旦教师自觉意识到自己是一个管理者，则在管理过程中显露为现实状态，在一定的范围内发挥着重要的管理作用。教师必备的管理能力，主要包括教学过程的管理能力、班集体的管理能力、参与学校工作的管理能力以及自我管理能力。这里，重点介绍一下教师的课堂管理能力。

近代德国著名的教育家、哲学家赫尔巴特在他的著作《普通教育学》中曾写道：“如果不坚强而温和地抓住课堂管理的捆绳，任何功课的教学都是不可能的”。搞好课堂管理不仅是课堂教学顺利进行的基本保证，而且是提高课堂教学质量的有效途径。成功的课堂管

[1] http://www.ht88.com/article/article_17828_1.html.

理是推进教学活动开展的最有利因素之一，没有有效的课堂管理，就不会有成功的课堂教学。但是，在实际教学中，大多数教师对于课堂管理还只是停留在基本的“管学生”阶段，没有真正把学生作为一个发展中的人来看待，没有形成全面的课堂管理能力。

教师课堂管理能力受多种因素的制约。在课堂管理中，教师作为具体的管理者和领导者，其管理能力受到内在的和外在的两方面因素的影响。其中，内在的因素主要包括：教师个人的成长经历、教师的专业素质、教师的人格魅力；外在的要素主要包括：学生个性特征和需要、社会意识形态、学校的管理思想和办学理念等。

教师课堂管理能力的内在制约因素 /

教师课堂管理能力的内在制约因素主要是指教师个人的成长经历、教师的专业素质和教师的人格魅力。教师的内在因素是教师课堂管理能力的基础，也是教师能否胜任课堂管理的关键所在。

教师个人成长经历对教师课堂管理中所采取的决策起着重要作用。教师是把自己的成见和对课堂情景的判断互相结合来构思每一个实用策略的。俄国教育家、心理学家卡普杰认为：“从教师原先在自己家中受到的管束方式，就可以预测他们将选择什么样的课堂管理策略。”可见，教师的个人成长经历和教师的管理能力有着实质性的联系。

教师的专业素质是教师确立在课堂教学中引领者地位的主要基础。教师的专业素质包括教师的专业知识、社会历史文化知识、教学技能和教学能力以及初步的教育科研能力；教师的专业素质的高低直接影响教师权威的确立，也对教师的课堂教学能力的提高具有重要的影响。教师专业素质有利于教师权威的确立，教师在教学中的权威对减少学生课堂违纪行为有很好的作用。许多研究表明，学生课堂违纪行为大

多数因为对教师讲授的内容没有兴趣而引发。

教师的人品魅力对学生的影响是其他任何东西都不能取代的。教师的人格魅力包括教师的个性特征、教师自身的品质修养以及教师为人处世方面的能力和对教育事业的情感、态度和兴趣等等。教师课堂管理风格的形成很大程度上就依赖于教师的人格魅力。教师的人格魅力所产生的吸引力和感染力对学生的影响是巨大的和深远的，有些方面甚至会影响学生的一生，教师的人格魅力是教师个人修养及综合教育素质的外在表现，同时教师的人格魅力又是教师的教育机智不可缺少的要素之一。教师自身的品质修养，为人处世的方式手段以及对教育事业和学生的态度、情感、意志等都对学生产生潜移默化的影响。因此，教师必须要加强自身修养，提升自己的人格魅力，注重课堂管理思想的改变，有意识地培养自己的管理意识和管理能力。

教师课堂管理能力的外在影响因素 ／

教师课堂管理能力不是一个单纯的教师个体行为，而是与学生的个性特征和需要、学校变化和社会意识形态等方面存在有机联系。

学校文化是一个学校基本的办学理念和发展方向，学校文化对教师的成长发展有很大的作用。一个学校的管理理念和办学理念对教师的课堂管理能力具有内隐性影响，使教师在无意识中形成一种与学校管理理念和办学理念一致的教学思想，并将其运用到课堂管理中来。因此，要提高教师的课堂管理能力，必须首先要转变学校的管理思想和办学理念。

每个学生的个性特征和需要是不同的，因此，学生的年龄、性别、性格等的不同在导致纪律问题行为方面存在明显的差异。学生的个性特征的差异也导致了学生个人需要的不同。获得教师的关注、鼓励、尊重、赞许、认可、欣赏、信任、宽容和体谅是学生的一种基本需要。

社会意识形态也影响和制约教师课堂管理能力。社会意识形态主要包括政治和社会方面，教师作为一个社会中的人，必然要受到社会上流行的观念和意识的影响，同时也受到政治观念和意识的影响。社会意识形态对教师个体的影响必然又制约着教师课堂管理的发展趋向，对教师的课堂管理能力形成一定的潜在制约。

教师课堂管理能力的发展途径 /

教师课堂管理能力的提高要从教师自身出发，树立一种全面课堂管理思想和课堂管理理念，提升自己的人格魅力，加强专业素质修养，掌握学生心理和生理发展规律，了解学生的需要，善于“发现他人”，并积极地对自身的行为进行反思，建构一种民主开放的管理风格。

首先，教师要形成全面课堂管理风格。教师要转变管理观念，要树立全面课堂管理的思想，以人为本，崇尚人性化的管理。同时，教师必须熟悉学生的心理和生理发展规律，充分考虑学生的心理和生理需要。此外，教师要具有课堂管理的技能和技巧。调查研究发现，许多教师在面对课堂问题行为时，经常采用的是简单的制止、批评、热处理和不加理睬的冷处理方式，关爱或谈话的方式很少，这些方式对于学生的健康成长和全面发展都是不利的。

其次，教师要对课堂管理进行经常性反思。对课堂管理方面的技能型教师与反思型教师进行对比研究发现，用反思建构的课堂管理方式的教师与仅仅采用一些课堂管理技能的教师相比，前者比后者更主动地把自己看成是课堂管理问题的解决者，能提出更多的解决课堂问题的方法，能对课堂的事情承担更多的责任，也能对学生的情感和态度给予更多的关心。因此，教师要进行经常性的反思，对自己在课堂教学和

管理中的行为进行总结和反思，构建一种反思型课堂管理风格。

再次，教师要全面深入地了解学生学习的需要。面对个性特点千差万别的学生，教师对自己学生的了解决定了其采取怎样的方式对其进行管理。因为，差异常常隐含着冲突，一旦处置不慎，极有可能引发种种人际关系的紧张；教室内存在着教师的“法定文化”与学生“亚文化”之间的冲突、班级团体规范与学生个性需要之间的对立、课堂本身的“小社会”与课外社会“大环境”的紧张等等。种种紧张关系的协调绝不是可有可无的，而与教学交往问题纠缠在一起，制约着教学交往的过程。教学交往总是在“班级授课制”这样一个制度框架内进行的。所以，教师要深入到学生中间去，与学生开诚布公地交流、谈心，建立一种和谐、开放的师生关系。教师还要进行换位思考，要站在学生的角度，力求为学生着想，来了解学生的感受和体验。教师还要克服对学生的偏见，树立正确的学生观，尽可能客观公平地对待每一位学生。

综上所述，有效的教学取决于有效的组织管理。只有当教师成为一名好的教学活动的组织管理者，具有真正的课堂管理能力时，才能成为一名优秀的教师。[1]

/ 写作能力 /

随着基础教育改革的逐渐深入，培养和发展专业化的教师已经成为教师师资培训的必然要求。什么是专业化的教师？反思型、研究型教师无疑是最好的回答。这些教师必须是“说、学、做、写”的多面手，除了能保质保量地完成教学任务，拥有很高的教学机智外，更要有善于总结和写作的能力，能将自己日常教学中的经验教训、心得体会及时记录下来。这就把教师的“写作能力”提到了专业化发展的高度，极大地强调了“写作能力”的重要性。

[1] 张庆华.教师课堂管理能力[J].现代中小学教.2005，(10).

现在很多学校都成立了教科室，作为承担教科室工作的专职教师，除了要参与和组织室内各项课题的开展之外，还要承担的一部分重要工作就是阅读教师们写的各种文章，包括论文、案例和教案等，在阅读的过程中与教师交流、探讨，促进教师写作能力的不断提升。具体来讲，可以从以下三个方面帮助教师提升写作能力。

调动教师写作的积极性和主动性，促使其由惧怕写作转变到接纳写作 /

在学校教育教学工作中，教师实际上承担了大量的写作工作，从教育计划的制定、教案的写作到各类论文的评选，都需要教师笔耕不辍。但是，很多教师缺乏写作的积极性和主动性。他们认为自己的擅长之处不在于写作，更多在于实践，只要自己把班带好了、把课讲好了、把学生教好了就可以了，不用太多理会这方面的事情。因此，如何调动教师写作的积极性和主动性就成为我们必须思考和解决的一个重要问题。

相当多的教师不愿意写作的一个重要原因是他们觉得“没什么可写”。这是因为每天的日常工作有着重复性和单调性的特点，教师很少有时间和意识去思考工作当中的可写之处。因此，需要做的第一步就是要让教师认识到自己工作的价值，让他们觉得“有的可写”。为了达到这一目标，可采取了“发现教师的闪光点，让教师有话可写”的策略，即引导教师认识到自己教学过程中的闪光点，这些实际上就是很好的写作素材。每当这个时候，教师们往往会恍然大悟：“哦，原来这个也可以写啊！”通过这一过程，很多原来不愿意写作的教师能够开始动笔写了，甚至还一发而不可收。

另一方面，随着学校对教研工作的日益重视，在职称评定、年终奖励与考核等方面都增加了文章写作的要求，这又巧妙地转化成为教师们勤奋写作的外部动力，教师们写作的积极性和主动性大大提高。为了保护和增进教师的积极性，可尽早把提交论文的相关要求和格式贴在公示栏上通知教师们，也可有意识地把论文提交的时间提

前，以便留出和教师一起修改的时间，最大程度地保证上交论文的质量。

通过课题研究的形式激发教师写作的动机和责任感 ／

由于教师每天都投身于平凡而琐碎的教育教学工作之中，非常忙碌，所以，经常会产生一定程度的职业倦怠，从而对工作中的闪光点和存在的问题视而不见。在这种时候，课题的引入就是一支强心剂，为教师们提供了有一定外在压力的，必须挖掘问题、进行写作的契机。

其一，课题研究有严格的研究步骤和时间规定，因此教师们在承担课题的同时也承担了责任，教师会在课题研究的过程中时刻保持着发现和研究的热情与积极性，能够带着责任和动力去从事课题研究，并且进行相关的写作。而且，课题研究的承担往往意味着有明确的研究目的和意图，这也给予了教师较为明确的写作方向，使得教师“有的可写”。

其二，课题研究会形成一种氛围，教师们几乎都有了写文章的意识，并且会积极主动地找人沟通，询问写作的角度。每当这个时候，领导就会结合教师教育教学过程中的突出特点，帮助他们分析，从而确定写作的思路。

其三，领导们还会通过对教师在开展课题以来在写作方面存在的问题进行汇总和分析，制定出一个随着课题进展教师可以撰写的文章类型和时间流程表格，供教师们参考。这样，教师们就会据此考虑在课题进行到某一阶段应当写哪些方面的文章，这个文章是何种类型的。例如，在课题前期更多是具体活动案例的积累和活动的微观反思；在课题中期可以撰写主题活动案例、较为系统的宏观反思和已经取得一定研究成果的小论文；在课题后期，可以撰写比较严谨的汇报课题成果的研究报告，或是更加深入的反思。伴随着课题研究的进行，教师们有机会去尝试和体验各种不同类型和体裁的文章写作。

教师写作能力的提升 /

教师之间在写作能力上存在明显的差异，要针对不同教师的写作特点区别对待，充分尊重教师的原有经验，促进其在原有水平上不断提高。

鼓励教师要大胆尝试和练习写作

其实，生活中有一部分教师特别想写点东西，总结自己的工作成果，但是由于缺乏写作经验而不敢动笔。面对这种情形，应采取的策略是鼓励他们尝试和练习写作。首先要通过交谈，了解他们的特长和兴趣点，同时结合对他们工作的了解，和他们一起商量写文章的角度，如果此时教师还是难以确定文章主题，就根据其特点直接帮助命题。在确定题目之后，和教师一起讨论文章的结构，该从哪几方面写，要揭示什么道理，然后让教师自己独立动笔写作。尽管有了前面一系列的铺垫，但是缺乏写作经验的教师写出来的文章往往和当初讨论的不完全一样，甚至完全不一样。面对这种情况，要去努力寻找教师文章中的亮点和特色之处，然后由点及面地帮助教师梳理思路。而且，教师写出了实体的文章后，我们的讨论也就有了明确的靶子，可以"有的放矢"了。这个时候，就可以为教师们提出更为具体的建议，例如文章的格式、标题的长短、某些语句的表述方式、怎么引用别人的文章等等，从而更进一步帮助教师掌握写作的技能和技巧。通过这种互动方式，很多原来一篇论文都没写过的教师都敢于写文章了。他们对班级当中正在进行的活动的价值也有了更加明确的认识和思考，并且会非常积极主动地参与讨论。教师们尝到了写作的甜头，逐渐脱离了原来那种不敢写文章、不想写文章、不懂写文章的情形。

善于帮助教师梳理思路

有些教师很喜欢写文章，但是他们的文章缺乏一定的逻辑性，有时甚至文不对题；也有些时候，文章的几个组成部分之间缺乏内在联系，像是一个围绕某一主题的大拼盘，把所有与这一主题有关的内容全都堆上去，至于这些内容之间有什么内在联系，教师似乎没有仔细斟酌和思考；教师对于文章要表达的内容和主题仍然认识不清，思路比较混乱。针对这些问题，可通过对话的方法帮助教师梳理思路。首先，通过引导性的提问激发教师回忆和阐述原有经验和自己的想法；其次，围绕教师所阐述的原有经验和自己的想法，通过层层设问，帮助教师找到这些内容当中应关注的价值点；再次，对这一价值点进行层层剖析，帮助教师确定可以选择的几个角度；最后，用这几个角度分别去衡量呈现在眼前的文章，进行去粗取精、去伪存真、删繁就简的修改。经过这种层层深入和层层剖析的对话过程，教师们会在原有基础上重新建立写文章的清晰思路，文章修改起来也会比较得心应手。

和教师一起总结

有时，教师交上来的文章往往还存在另外一些问题：文章中存在大量的案例描写和对活动过程的描述，缺乏相应的总结和提升；也有教师在文章中简单列出一个论点，但不对论点做相关的解释和说明，就直接附上一大堆具体案例作为解释论点的论据，非常缺乏有逻辑、有归纳、有提升的论证。针对这个特点，可采取了“点题概括”的指导方式。首先和教师一起分析其文章中所呈现的例子，然后一起讨论这个例子试图说明的观点，这一观点的重要性和价值是如何体现的，如何用理论性的语言来阐明等等。当教师的思路逐渐被打开，似乎要接近那个答案但又不能一下子清晰地表达出来时，就恰到好处地为教师点破，帮助教师进行概括和提升，从而教师对发展同伴交往能力的目标有了更加明确的认识，也对达成目标的手段即主题活动认识得更加全面。在与教师们探讨论文写作的过程中，我们都会一起经历这个过程，在教师们沉浸其中的非常形象具体的一个个例子中进行分析、选择、归纳、提升，帮助教师们理出目标和重点，一起探讨分析这一目标和重点的具体论述方法。经过这一系列过程，很多教师的总结概括能力大大提升，并且能够运用相关的理论阐述自己的论点，有效地进行论证。

/ 逻辑能力 /

思维是人脑的机能、特性和产物，是人脑对于客观事物的间接的、概括的反映。逻辑思维也称抽象思维，它如形象思维一样是一种思维现象。它是在感性认识形式所取得的材料的基础上，运用概念、判断和推理等理性认识形式对客观事物间接地、概括地反映过程。可见，概念、判断是思维的基本形式。逻辑思维能力是指正确、合理地进行思考的能力，即对事物进行观察、比较、分析、综合、抽象、概括、判断、推理的能力，采用科学的逻辑方法准确而有条理地表达自己思维过程的能力。

任何一门学科都是由一定的思维形式，即概念、判断、推理所组成的科学体系，都是借助一定的思维形式和思维规律来进行思维的。从这个意义上讲，任何一门科学都离不开逻辑。培养学生的逻辑思维能力，是各门功课共同担负的任务。比如，语文课中对一篇课文的讲解，教师首先要把自己的思想记录下来，然后，向学生进行表述，并使其正确理解。这个过程必须应用概念，因为没有概念，师生之间无法交流思想。又如数学课讲一道数学题，它的由已知求未知的过程，常常是运用演绎的推理方法来进行的。再如，生物课所讲的生物分类以及各类定义，其中进行着概念、概念的等级、分类、定义等各种逻辑思维训练。

如何提高逻辑思维能力？ /

逻辑思维能力强不是生来俱有的，而是后天认真思考、培养锻炼出来的。

激发人的好奇心和求知欲 这是培养创造性思维能力的主要环节。影响人的创造力的强弱，起码有三种因素：一是创新意识，即创新的意图、愿望和动机；二是创造思维能力；三是各种创造方法和解题策略的掌握。激发好奇心和求知欲是培养创新意识、提高创造思维能力和掌握创造方法与策略的推动力。实验研究表明，一个好奇心强、求知欲旺盛的人，往往勤奋自信，善于钻研，勇于创新。因此，有人说："好奇心是学者的第一美德。"

培养发散思维和聚合思维 这是发展创造性思维能力的重要方面。在人的创造活动中，既要重视聚合思维的培养，更要重视发散思维的培养。当前，各级学校比较重视求同思维的培养而忽视求异思维的训练。如有的教师往往按照一张标准答卷给分，而学生也往往按照固有的一个答案回答问题。这样，无形之中使学生形成了一个固定的思维模式，严重影响了学生的观察力、好奇心、想象力及主动性的发展。通过这种办法培养出来的只能是知识积累型的学生。发散思维本身有不依常规，寻求变异，探索多种答案的特点。具有良好发散思维的人，一般对新事物都很敏感，而且具有回避老一套解决问题的强烈愿望。所以应重视对学生发散思维的培养。

培养直觉思维和逻辑思维 这是培养创造性思维不可缺少的环节。所谓直觉思维，是指未经逐步分析而迅速地对解决问题的途径和答案做出合理反映的思维。如猜测、预感、设想、顿悟等。著名科学家爱因斯坦就具有极强的直觉能力。他非常重视实验。大学时，他用大部分时间在实验室里操作，迷恋于获得的直接经验。这些经验使他从马赫、休谟等人的著作中吸取合理的思想，抛弃其唯心论、不可知论的错误观点，从而形成自己一整套相对论的体系。一般来说，知识结构只是一种"间架"，其中存在着很多"缺口"。这些"缺口"对于非常熟悉这个问题的人，就是一个非常具有吸引力的因素，他不仅有熟悉之感，而且能够对它“似有灵犀一点通”。这是过去长期积累的知识和辛勤劳动逐渐在头脑中搭起的一座从已知到未知的桥梁。因此，在当前情境启发下，才会表现出一瞬间的直觉反应。但是直觉思维往往不完善、不明确，有时是错误的。要使直觉思维达到完善，逻辑思维可认为是它的一个必要的检验、修改和订正的完善过程。因此，应把两者结合起来培养，会更有助于创造性思维的发展。可以说，数学中的正数、负数、虚数、实数、微分、积分，物理学中的质量、重量、速度、加速度、沸点、熔点、矢量，化学中的化合、分解、氧化、还原、化合价、原子量、摩尔，生物学中的同化、异化、光合作用、呼吸作用、遗传、变异、生长等等，这些概念的确立，要经历从个别到一般，从具体到抽象，从个性到共性，从感性认识到理性认识的飞跃过程，这个过程的实现，必须通过思维活动才能实现。

怎样不断地提高逻辑思维能力呢？

把自己置身于问题之中

要使自己的思维积极活动起来，最有效的办法是把自己置身于问题之中。当有了问题和需要解决问题时，思维才能活动起来，思维能力才可能在解决问题的过程中发展起来。问题可以分为科研问题和学习问题两类。科研问题是为了解决社会需要的未知而提出的课题。例如，怎样检查癌症？癌症的原因是什么？怎样预防癌症？这些问题正是人类没有解决或没有很好解决的问题，也是人类急需解决的问题。学习问题是为了解决个人未知而提出的课题。例如在地上滚动的小球，为什么越滚越慢？为什么水壶里会有水垢？为什么饭后不要从事激烈的活动？可以这么说，由未知向已知的转化，就意味着问题的解决。科研问题的解决意味着发明创造的到来；学习问题的解决意味着知识由社会向个人的转移，即知识的继承。可见，真理的发现和继承，是在不断地发

现问题、分析问题和解决问题的过程中实现。正是解决问题的思维活动，导致了科研的进展和学习的深入。经过思维自己发现问题，经过思维自己解决问题，这才是高级的、具有创造性的学习活动。会不会给自己提出问题，是学习有没有进入高级阶段的重要标志。

要坚持独立思考

坚持独立思考，才可以使思维能力发展到创造的水平。所谓创造或创造性的活动，指的是提供新的、首创的、具有社会意义的产物。科学就是在继承的基础上，通过不断地创造而发展起来的，我们今天学习的知识就是前人的创造。创造或创造性活动主要依靠创造性的思维活动，这种思维的特点是新颖性和独创性。创造性思维只有在独立思考的过程中才能形成。而接受人家思考的成果只能叫学习或模仿。思维达不到创造的水平，那就只能永远跟在人家后头跑。独立思考在学习中的另一种表现应当是不盲从、不轻信、不依赖，凡事都问个为什么，都经过自己头脑思考明白以后再接受。在自己没有独立想通之前，决不轻易死记死套现成的结果。爱因斯坦的老师海因里希·韦贝尔对爱因斯坦说："你是一个十分聪明的小伙子，可是你有一个毛病，就是你什么都不愿让任何人告诉。"在这里海因里希·韦贝尔老师说的"毛病"，正是爱因斯坦可贵的优点——独立思考，正是这个优点，才使得爱因斯坦取得了划时代的发明创造。[1]

/ 交际能力 /

人际关系是一个被广泛使用的概念。不同的学科领域对人际关系的解释有不同的角度。心理学所研究的人际关系指的是人与人之间通过交往建立起来的某种比较稳定的心理

[1] http://club.teacher.com.cn/topic.aspx?topicid=3813992.

联系，反映着人与人之间的心理距离，也标志着人与人之间的亲近性、融洽性、协调性的发展水平和现实状况。人生活在社会中就不得不与人交往，就不得不注重人际关系，而人际关系技巧正是与人交往的润滑剂。然而，在现实生活中，很多人由于人际关系不良，导致了生活、工作、事业、乃至婚姻上的失败。

人际关系是普遍存在的一种社会现象，在学校这个特定的环境中它有其特殊性。学校人际关系主要包括领导同教职工之间的上下级关系，教师同教师之间的同事关系，教师同学生之间的师生关系，学生之间的同学关系等，如果把范围扩大些，还可以包括学生，教师同家长的关系。因为学校担负着教育人的职责，人际关系状况将直接影响学生的精神生活。一枚圆圆的铜钱，中间透着棱角分明的小方孔。铜钱给了我们做人的启示，那就是做人要外圆内方。方，就是做人的正气，具备优良的品质；圆，就是处事老练，善用技巧。在人际交往中，“内方外圆”的确应该成为我们每一个人的人生座右铭。

人际交往的原则 /

交互原则

心理学家阿伦森等经过大量的实验研究发现，人际关系的基础是人与人之间的相互接纳、相互支持。任何人都不会无缘无故地接纳我们、喜欢我们，别人对我们的喜欢是有前提的，那就是我们也要喜欢、接纳他们，即别人对我们的态度很大程度上受我们对别人态度的影响。人与人之间的喜欢与厌恶、接纳和疏远是相互的。因此，我们与他人交往时应心态宽容，悦纳别人、尊重别人，对别人的成绩要表示真诚的赞美。美国著名的人本主义心理学家马斯洛将人的基本需要分为五大类：生理需要、安全需要、归属和爱的需要、尊重的需要、自我实现的需要。根据马斯洛的需要层次理论，尊重的需要是每个人较高层次的心理需要。获得别人的肯定和赞美是每个人心灵深处最基本的需求，只有我们先真诚地“投之以桃”，别人才会友好地“报之以李”，“己所不欲，勿施于人”正是这个道理。

功利原则

心理学家认为，人与人之间的交往本质上是一个社会交换过程，发生在人际交往当中的交换与发生在市场上的交换所遵循的原则一样。人们都希望交换（包括物质、信息、服务、情感等）对自己来说是值得的，不值得的交换没有理由去实施和维持，否则，我们就无法保持自己的心理平衡。因此，我们在同别人交往时，应怀有一颗感恩的心，不要视别人对自己的帮助为理所当然的“应该”。无论怎样亲密的关系，如果一味地只利用而不“投资”，只索取而不奉献，亲密值得的关系也会转化为不值得、疏远的关系。平等的交往，平衡的交换是最长久的。

自我价值保护原则

自我价值保护，是指人们为了保护自我价值的确立，心理活动的各个方面都有一种防止自我价值遭到否定的自我支持倾向。因此，我们要想在人际交往当中获得成功，首先应不贬低、不轻视别人的价值，不伤害别人的自尊心。如果总是盛气凌人，以己之长比人之短，或当众揭别人的伤疤，让别人总有一种焦虑感、自卑感、无能感，那么这种交往很快就会停止，别人也会很容易启动自己的心理防御机制，或冷淡疏远你，或轻视排斥你，或抵触攻击你。

人际交往的技巧 /

了解人和人性　提高人际交往和掌握成功的人际关系技巧的第一步是：正确地了解人和人的本性。了解人和人性可简单概括为——“按照人们的本质去认同他们”，“设身处地认同人们”，而不要用自己的眼光去看待别人，更不要把自己的意志强加于别人。人首先是对自己感兴趣，而不是对你感兴趣！换句话说，一个人关注自己胜过关注你一万倍。认识到“人们首先关心的是自己而不是你”这一点，是生活的关键所在。

把握人际交往的最底线——彼此的自尊　行走在人生的旅途，谁都会有“摔跤”的时候，当初的尴尬、狼狈，暂时的脆弱、痛楚也在所难免。这个时候，一个人最需要的是有一个独自抚平创伤、恢复自尊的时间和空间。诚然，这世界需要爱，并因为爱而充满希望。但当你向对方表达善意、施与关爱的同时，千万别误伤了对方的自尊，哪怕他是你最亲近的人。一天，美国杰出的科学家、政治家富兰克林和年轻的助手一道外出办事，走到办公楼的出口处时，看见前面不远处正走着一位妙龄女郎。也许是她步履太匆忙，突然脚下一个趔趄，身体失去平衡，一下子就跌坐在地上。富兰克林一眼就认出了她，她是一位平时很注重自己外在形象的职员，总是修饰得大方得体、光彩照人。助手见状，刚要迈开大步，上前去扶她，却被富兰克林一把拉住，并示意他暂时回避。于是，两人很快折回到走廊的拐角处，悄悄地关注着那位女职员的动静。面对助手满脸困惑的神情，富兰克林只轻轻地告诉他：不是不要帮她，但现在还不是时候，再等等看吧。一会儿，那位女职员就站起来，她环顾四周，掸去身上的尘土，很快恢复了常态，若无其事地继续前行。等那位女职员渐行渐远，助手仍有些不解。富兰克林淡淡一笑，反问道：“年轻人，你难道就愿意让人看到自己摔跤时那副倒霉的样子吗？”助手听后，顿时恍然大悟。

巧妙地与别人交谈　当你与人交谈时，请选择他们最感兴趣的话题。他们最感兴趣的话题是什么呢？是他们自己！把这几个词从你的词典中剔除出去——“我，我自己，我的”。用另一个词，一个人类语言中最有力的词来代替它——“您”。你是否对谈话感兴趣并不重要，重要的是你的听众是否对谈话感兴趣。当你与人谈话时，请谈论对方，并且引导对方谈论他们自己。这样你就可以成为一名最受欢迎的谈话伙伴。

一是让别人觉得自己重要。人类一个最普遍的特性便是渴望被承认，渴望被了解。你愿意在人际关系中如鱼得水吗？那么，请尽量使别人意识到自身的重要性。请记住，你越使人觉得自己重要，别人对你的回报就越多。聆听他们，赞许和恭维他们，尽可能经常地使用他们的姓名和照片；在回答他们之前，请稍加停顿；关注小组中的每一个人。

二是巧妙地赞同别人。慷慨些，去赞扬别人吧！先找到一些值得赞扬的人和事，然后赞扬他们。要真诚，赞扬行为本身，而不要赞扬人。绝对不要忘记任何愚人都可以反对别人，而只有智者和伟人才会赞同——尤其当对方犯错误时！"赞同艺术"可概括为以下六点：学会赞同和认可；当你赞同别人时，请说出来；当你不赞同时，千万不要告诉他们，除非万不得已；当你犯错时，要勇于承认；避免与人争论；正确处理冲突。赞同艺术的根源在于，人们喜欢赞同他们的人；人们不喜欢反对他们的人；人们不喜欢被反对。

三是巧妙地聆听别人。一个时时带着耳朵的人远比一个只长着嘴巴的人讨人喜欢。与人沟通时，如果只顾自己喋喋不休，根本不管对方是否有兴趣听，这是很不礼貌的事情，也极易让人产生反感。聆听越多，你就会变得越聪明，就会被更多的人喜爱，就会成为更好的谈话伙伴。当然，成为一名好的听众，并非一件容易的事，这里有几点建议可供参考：注视说话人；靠近说话者；专心致志地听；虚心提问；不要打断说话者的话题 ；使用说话者的人称——"您"和"您的"。

四是巧妙地调动别人的情绪。记住，任何一个交往最初的一瞬间往往决定了整个交往过程的基调。因此，在最开始，你双眼接触的瞬间，在你开口说话之前，在你打破沉默之前，请露出你亲切的笑容，并且对自己说——"笑一下！"微笑具有很强的情绪感染力。尼尔森是一位优秀的美国飞行员，一次战争中他不幸被俘入狱。一天，当他摸出一支香烟，但是没有找到火柴。没办法，他鼓足勇气向看守借火。看守气势汹汹冷漠地拿出火柴走过来给他点火，两人目光无意中接触了，尼尔森下意识冲看守微笑一下。然而，就在这一刹那，像受到微笑的感染，看守脸上也露出了一丝不易察觉的微笑。点完火后看守并没有立刻离开，眼睛和善地看着尼尔森，眼睛少了凶气，脸上仍带着微笑，“你有小孩吗？”“有，你看。”尼尔森拿出全家福照片，看守也掏出照片。他们开始讲述他与家人的故事。尼尔森眼中充满泪水，看守也流下了两行热泪。突然，看守打开牢门，悄悄带尼尔森从后面小路逃离监狱，示意他赶快离去，自己转身走了，不曾留下一句话。若干年后，尼尔森回忆说，微笑竟然救了他一命。可见，生活中我们要善于调动他人的情绪，更好地为人际交往服务。

五是给别人留下良好印象。如果想美丽，就自己先要美丽起来。如果你想让别人赞赏你、钦佩你、敬重你，你就必须让人感到，你是值得获此荣誉的。为你自己而骄傲吧(但不要自负）！为你自身，为你的职业，为你的工作环境而骄傲；不要为你现在的处境和不足之处而自卑。你就是你自己——要尊重自己，要为自己感到骄傲。要真诚、热情、不必过分急躁、不要通过贬低别人抬高自己、不要打击任何人、任何事。

新时期教师的人际适应 /

教师在其特殊的职业范围内，所涉及到的人际关系类型相对简单一些，主要是与领导、同事、学生之间人际互动，当然还包括其他，如学生家长等相关人群。但是由于这些群体，特别是学生群体数量较大且沟通渠道多样，所以教师在适应方面就必须不断探索、调整，以建立起有利于工作和促进自我心理健康发展的良好人际关系。

教师与领导的关系

学校中的领导者包括了从校长、主任到年级组长、学科组长等业务管理者等不同层次的领导。作为普通教师，在与他们交往的过程中，既要适应对方的需要与特征，

同时也能影响对方，反映自己的需要和个性特征。

一是要了解领导的需要。从领导的角度看，为了建立良好的上下级关系，必须了解教师的需要。作为教师要与领导者保持良好的关系，也同样应该了解领导的需要。这方面要特别注意：其一是自尊的需要。每个人都希望受到别人的尊重，当领导的这类需要就更突出。所以作为教师首先要支持领导的工作，服从领导的正确决定，不要公开表示对领导的不满或当面顶撞；对领导的努力和工作成绩要给予充分的肯定和承认，不要只看缺点和不足；对领导有什么意见或建议应单独找领导谈，而不要当众让人下不来台。其二是成就的需要。凡是有事业心的领导都希望在工作上有更大的成绩，在办学水平上有新的提高。作为教师要让领导满意，最主要的就是要做好本职工作，在教育、教学质量上走在前面。第三是交往的需要。领导也是普通人，也需要朋友和友谊，因此，同领导交往时不要有不必要的距离感。

二是要争取领导的支持。领导的支持是做好工作的重要前提，因此，只有争取到领导的支持才能把工作做得更好。那么，要争取领导的支持，首先要尊重领导、相信领导。要努力工作，做出成绩，容易引起领导重视、得到领导支持的通常都是那些敬业爱岗、积极进取、事业心比较强的教师。所以，作为一个教师要想争取领导支持，就要努力工作并做出一定成绩来，这是争取领导支持的基础。

教师与同事的关系

⑴ 同事关系的重要性。第一，良好的同事关系是教师成长的重要环境。同事之间的互相切磋、互相帮助，使教师增长教学才能和教育智慧。良好的人际关系使课间和课后的办公室成了教师集体研究工作的好场所。第二，良好的同事合作关系是教师个人成功的条件。教师工作的一大特点就是成果集体性，教师所有的努力都是为了教好学生，而一个德、智、体全面发展的学生必然是全体教师工作的结果，因此，教育

工作的本质决定了教师之间必须是合作的关系，教师集体的成功是教师个人成功的条件。任何一个教师如果脱离其他教师的努力和配合，都不可能带好一个班，也不可能培养出一个好学生。第三，良好的同事关系有助于教师消除孤独感，有利于心理健康。一方面，教师的工作有较大的独立性，都是各人独当一面地工作着；另一方面，教师的工作繁重琐碎，而且有压力，因此教师经常处于比较紧张的状态，而且经常会遇到挫折。加之，教师的工作环境又较封闭，与外界较少交往，因此教师非常容易产生孤独感和无助感。在这种情况下，良好的同事关系给教师以强有力的心理支持，缓解教师的不良情绪，并且可以帮助他出谋划策，更好解决问题。

(2) 教师之间关系的特点。一是有较强烈的道德规范性。教师之间的关系比较文明、友好、和谐。教师通常注重礼貌待人、通情达理、团结合作，很少有粗野好斗者。二是教师之间冲突的隐蔽性。教师之间的矛盾冲突很少公开化、表面化，尤其很少在学生面前争吵。绝大多数人际冲突和紧张关系能控制在较小的范围内，他人不易觉察。但矛盾也因此持续时间较长，甚至形成积怨，比较不好解决。三是教师之间的冲突多能自我调节。教师教书育人，为人师表，经常帮助学生解决人际冲突，因而促使教师对待人际冲突多能自我调节。这种特点表现了教师的职业修养。四是教师之间的关系多不密切。教师之间的交往多停留在以礼相待，很少有亲密关系。这与知识分子历来崇尚“君子之交淡如水”的理念有关，也与教师工作繁忙和独立性强有关。

(3) 教师之间产生矛盾的原因。一是不适当的竞争。如果说，教师在竞聘某个职位时，教师之间有竞争的关系，那么，在上岗以后，都是在职教师，从培养学生的教育目标来说，教师之间就不存在竞争的问题。但是由于学校管理的不当，以及社会舆论的误导，在教师之间仍然存在不必要的、甚至是恶性的竞争局面，严重破坏了教师之间的人际关系。一些学校的管理者对教师工作特点缺乏正确认识，生搬硬套社会上其他行业，尤其是企业的管理方法，提出什么“末位淘汰”，搅乱了学校人际关系的常规，破坏了教师的良好关系。失当的竞争造成教师知识技能上的保守，以邻为壑，争抢课时，排挤他人，甚至为了个人教学成绩突出不惜弄虚作假，这些做法都可能破坏教师之间的良好关系。二是教师不良个性。教师工作独立性强，备课、上课、批改作业、辅导等多是个人独立进行。教师感到自己整天都在忙工作，贡献很大，于是造成教师之间多见自己，少见他人，对他人的了解较少，因此，容易产生“文人相轻”，造成人际隔阂。另外某些人的不良个性特征，如封闭、自卑、嫉妒、孤僻、猜疑等也是造成人际关系不良的重要原因。三是角色差异引起的矛盾。不同学科的教师、班主任和任课教师都片面强调自己学科与任务的重要性，从自己的角度去处理问题，因此产生矛盾。

(4) 处理教师之间矛盾的方法

一要充分认识到同事关系的重要意义，以一种开放、宽容、接纳的心态与同事们交往，善于欣赏、善于赞美、善于合作，“静坐当思已过，闲谈莫论人非”。当然，也可以真诚善意地给同事提出意见，如若对方不能接受，不妨按照孔子“以直报怨”的说法，不必多费功夫跟他纠缠了，管好、做好自己的分内事即可，因为谁都没有义务、没有时间陪他耗着。

二是不要“文人相轻”。“文人相轻”是封建社会遗留不来的一捉坏习气，指的是文人之间互相轻视、贬低的不良习气。教师的劳动具有较强的个体性和创造性。不同的教学方法和教学风格在实际效果上都是各具特色、各有千秋的。如果缺乏自知之明，不能客观评价自己，很容易表现出妄自尊大、看不起别人，轻易否定其他教师的教育教学成绩，讽刺、打击获得各种荣誉的教师，夸大缺点和不足等。这些都会影响同事之间的团结，也会对教学水平的提高产生不利的影响。因此我们要辩证地看待自己已有的成绩。一个人不论达到多高的水平也不可能是极限，山外有山，天外有天，学海无涯，学无止境。同时要看到自己的每一点进步中都包含着其他人的心血，现有的成绩绝不是单凭个人努力的结果，其中凝结着领导的关心、同事的帮助。

三要正视竞争与合作。竞争作为发展的重要动力，竞争与合作是实现集体目标的两个基本条件，缺一不可。在鼓励增强竞争意识的同时，我们还要正确对待竞争：一是竞争要把握一个“度”。良性竞争需要一定条件，这便是公平、公开、公正的竞争环境。要创设这种氛围，首先要解决的是人的观念。我们经常看到有些人在竞争中表现出明争暗斗、相互诋毁、不相往来、互不买账等等，这将导致群体凝聚力下降、士气低落、人际关系紧张，甚至出现恶意竞争，将竞争演化为战争。因此，竞争应该在公平有序的条件下进行，使每个人的潜能被更大地激发出来，更好地投入到工作中。二是竞争要强化合作精神。在引入竞争机制的同时，更加需要强调团队的合作精神。我国著名教育家叶圣陶指出：“教师之间要团结无间，互相配合。”为此，教师之间要做到：第一，要尊重同事的劳动，维护同事的威信，发现问题要及时补台，千万不要在学生面前贬低其他老师；第二，同一学科的教师要团结互助，互相学习，新老教师之间可以通过拜师、结对子、确定指导关系等方式进行传、帮、带；第三，同一年级不同学科的教师要密切配合，齐心协力做好工作。

教师与学生之间的关系

良好的师生关系是指教师和学生之间要建立起民主、平等、和谐的人际关系。而教师是建立良好师生关系的关键。

(1) 罗杰斯理论。心理学家罗杰斯提出，建立良好的师生关系有三个必备的条件，或者说是教师必备的三种品质——真诚、接受和理解。

真诚，就是真实，表里如一。罗杰斯强调教师要做一个真实人，在与学生交往中坦诚相待，将自己的思想和情感坦率地表露出来，不能带有丝毫的虚伪和欺诈，这样才能促进学生获得真正的自我意识和对他人的正确理解和认识。教师对学生要有真诚的欣赏和善意的批评。罗杰斯认为，教师的品质以真诚为先，真诚是形成良好师生关系的前提。

接受，也称“信任”或“欣赏”。罗杰斯强调教师对学生要“无条件地接受”。他认为，人的本性是好的，人的先天的潜能是优越的，人性的发展和先天潜能的实现是以良好的心理气氛为条件的。这种心理气氛的形成，要求教师对学生各方面无条件地接受，相信学生自己的能力进行有效的自我学习。教师对学生的欣赏或接受，是他对人类的机体能力具有基本的信心和予以依赖的一种具体表现。

理解，是指教师对学生的移情性的理解。移情的理解是更深一层的、能促进学生自发学习的要素，它要求教师能够从学生角度出发观察世界，善于理解学生的心灵，设身处地地为学生着想。这样使学生能把教师看作是真正关心自己和理解自己的人。而只有当学生知道你在关心他的时候，你在他们心目中才重要起来，而只有此时，他们才会注意到你的学问，正所谓“亲其师信其道”。

(2) 如何建立良好的师生关系。根据上述理论，对建立良好的师生关系有以下建议：

一要热爱学生。热爱学生是教育学生的感情基础，也是建立良好师生关系的手段。学生都有“向师性”，希望得到教师的爱。当学生意识到教师真诚地关心和爱护他们的时候，他们就会相应地尊敬和爱戴教师。

二要尊重学生。1994年，在日内瓦召开的第44届教育大会再次重申“尊重生命，尊重人，尊重人的尊严和权利”。尊重学生是建立民主、平等关系的核心。第一，尊重是对人的价值的尊重。学生是有独立人格的，而师生之间没有人格上的尊卑、贵贱之分。

教师对学生应友好平等，不因为学生年龄小、不懂事就轻视他、欺侮他或哄骗他，更不可粗暴压制。当然，尊重学生的人格并不等于赞同他一切想法和做法。当学生有与教师不一致的想法和做法时，教师绝不能以高高在上的态度或家长式的作风对学生专断蛮横，发号施令，而应以平等、尊重的态度理智加以处理。任何体罚、训斥、辱骂、讽刺等都是和尊重学生的宗旨根本对立的，是对学生人格的污辱，必定会给师生关系带来消极的影响。第二，教师要尊重学生的个性，承认学生的个性差异。教师要承认学生中存在个性差异是正常的、合理的，同时，在实践中容许其存在，并且给予重视，引导其向积极的方向发展。教师要了解学生特长、兴趣和爱好，把它看成是开发学生潜能的重要工作，并为学生的个性发展提供尽可能多的条件。第三，教师要尊重学生的情感。青少年正处在热情奔放、生气勃勃、憧憬未来的时期，他们有自己的思想，自己的情感，自己的观点，自己的标准，虽然他们不成熟，但情感世界是非常丰富的。第四，教师要尊重他们的隐私。隐私是一种不愿意被别人知道，不愿意被人公开的弱点或缺点。人都不是完人，更何况正在发育中的青少年，肯定会发生一些令人不愉快、不理解的事情。隐私权也是每个人都应得到的生活权利。值得指出的是，教师对所有学生一视同仁是对学生本质上的尊重。教师绝不能因为外表、出身、成绩而偏心，歧视或拉拢他。第五，教师要信任学生。信任是一种特殊形式的尊重，而无端的猜疑是不尊重学生的表现。教师应尊重学生的意愿和要求，对他们的意见给予重视。

三要了解学生、理解学生、关怀学生、帮助学生。事实上，教师了解学生越多，师生关系越好。每一个学生都是独特的、唯一的，因此教师必须具体地了解每一个学生的特殊情况和才能，才有可能恰如其分地给予肯定、尊重和信任，对学生的认识不全面、不准确，就不能适当地对学生进行评价和处理，会使学生产生抱怨的情绪。教师应随时关心学生，帮助他们去满足需要。随着对学生关心的增多，教师在学生生活中

的重要性也随之增加，于是学生也关心教师，这样师生关系就增进了。对有问题的学生教师要尽量帮助，心平气和地协助他们解决困难。

四要真诚的欣赏和善意的批评。教师要特别善于发现学生的长处，对学生的每一点进步和成绩表现由衷的赞美。当学生感受到教师的欣赏和引导时，就会更接近教师。当然，教师总免不了批评学生，但批评的态度要诚恳，口气要平静，不含讽刺的意味，使学生体会到批评背后的善意和友情。特别要注意批评不是挑剔，因为挑剔使学生感到教师是和自己过不去，在有意地暴露自己的弱点和短处，是要打击、伤害自己。师生关系是学校一切活动的前提条件，它决定了学校教育的各个方面，包括教学过程的性质、组织教材和组织学生的方法，以及对学生的德育要求和标准等等。师生关系还是教师和学生思想和行为的心理背景，它限定了教师和学生的知觉、情感、态度和行为方式。教育中的各种弊端都是有其师生关系方面的原因的。正如罗杰斯所说，这种关系是由教师来创造的，但要从学生的反应中来认知。因此，要改革教育，必须首先改变学校中每时每刻都进行的教师和学生之间相互作用的模式。就像罗杰斯说的，一旦教师建立起真诚、尊重、理解的态度，“学生就能离开僵化走向灵活，离开依赖走向自主，离开戒备走向自我接受，离开被束缚走向创造性。”

教师的其他人际关系

在教师职业范围内，除了与学生、同事、领导等典型人际关系表现外，还有一些与之相关的人际活动，如同学生家长的交往，对自己子女的教育与沟通等。

(1) 同家长的合作。教师与学生家长之间人际关系形成的纽带是学生。同家长形成、发展良好的合作关系必须注意：一是注意教育性。教育学生使其健康成长是教师同家长合作的出发点与归宿点。教师一方面要为学生提供良好的交往形象，用自己与家长交往中的实际行动来做出榜样；另一方面杜绝利用家长爱孩子的心理来提出不合理的要求，例如教师节让学生“献爱心”，要求学生家长为自己办私事等等。这些都会令教师丧失学生的尊重和家长的信任。二是保证主导性。交往过程中，教师应当主动发挥作用。在与家长的合作中，教师的主动姿态会促进家长交往的积极性，使其更好地来配合教师共同实现教育目标。教师可以通过多种途径来实现沟通，像家访、家长会、家教专题讲座以及家长委员会等形式都是常用而且有效的。三是坚持平等性。诚信尊重、平等相待是与家长交往中教师必须恪守的一项基本原则。它要求我们对所有的家长一视同仁，尊重、合理地对待家长意见。如果对有的家长热情逢迎，对有的家长傲慢冷淡，这种不公平会严重妨碍交往，挫伤家长和学生的盛情，而且厚此薄彼的态度也反映出教师的功利的心态和不健康的人格。四是做到及时性。我们一直强调沟通和信息反馈要及时，教师和家长无论哪一方发现了问题都应迅速与对方取得联系，认真查找原因，共商解决办法。这既可以帮助学生尽快克服困难，又能够防止问题进一步加剧，避免因时间拖延而导致解决问题的难度加大。

(2) 和子女的沟通。教师是普通人，也过着平常的家庭生活。他们与自己家人之间的交往在多数时候与其他家庭没什么两样。但因为教师工作有其特殊性，于是这种人际活动不可避免地反映出相应的职业特点，尤其是在子女教育和沟通的问题上。有些教师在学校中工作敬业、对学生关怀备至，但回到家似乎精力用完、热情耗尽，对自己的孩子很少过问。有些教师对学生宽容理解，却唯独对自己的孩子苛刻专制，与对学生的态度截然相反。还有的教师对学生装作严厉要求实则缺乏耐心，而对子女却爱护得无微不至甚至娇惯放纵。但这些教师的孩子们，多数没有因为家长是教师就发展得更出色，反而出现了学习困难、品行障碍、亲子关系不协调等问题。所以，教师的正确教育思想与教育方法并不仅仅局限在学校情境中，也同样应该在家庭教育中得以贯彻实践。对子女的教育要从合理、有效的沟通开始，关心他们的需要，了解他们身心发

展的特点，担负起应尽的义务和责任。使教师的亲子关系和师生关系彼此促进，实现科学的整合，使家庭教育与学校教育同步前进。

良好的人际关系是以健康心理品质为基础的

概括起来主要有：一是真诚质朴，一是一、二是二，不虚假，不矫饰。不论对成年的同事还是未成年的学生，都真诚相见，以心切换心。如果被学生的难题问倒，就承认已被“问倒”，并投入与学生共同研究中。二是敞开胸襟，乐于交流沟通，不孤芳自赏，不自我封闭。向学生敞开胸襟，与他们亲密交往，平等对话，真诚交流，直至心心相印。同事之间、上下级之间坦诚相对，相互沟通，相互扶持。与同事反复交流切磋，通过学术活动或信函直接与国内大师对话，如教语文叶圣陶、吕叔湘，从中得到教益，才能创出独具特色的教学模式。三是豁达大度，宽以待人，不斤斤计较，不“同行相轻”。要开阔心胸，就要“念人之功，容人之过，学人之长，补己之短。”少一点自我中心，多功能点换位思维，使自己达到高境界的博大与豁达。魏书生老师总爱从历史长河、宇宙空间和广大时空上思考问题，不仅自己追求长远和广阔，而且通过“30年以后的班会”、“站在月球上所想到的”等主题，引导学生突破狭隘。他说，要让自己有一点“两岸猿声啼不住，轻舟已过万重山”的超脱，不能陷入自私、狭隘、庸俗的泥潭。以这样的胸怀待人处世，还会有什么障碍不能逾越，什么矛盾不能化解呢？“得失塞翁马，襟怀孺子牛”“宠辱不惊，看庭前花开花落；去留无意，望天上云卷云舒”，不为利益得失、矛盾纷争所困扰，才能全力以赴投入教育事业，创出优秀的工作业绩。

总之，人际交往中，做人不要太死板，要懂得灵活；做人不要太固执，要懂得变通；做人不要太计较，要懂得宽容；做人不要太痛苦，要懂得忘忧；做人不要太奸诈，要懂得行善；做人不要太张扬，要懂得遮掩；做人不要太锋芒毕露，或不要过早锋芒毕露。美国著名心理学家、成功教育家卡耐基有一段名言，“如果你想赢得朋友，让你的朋友感到比你优越吧；如果你想得到敌人，时时表现比你朋友优越吧。”[1]

/ 沟通能力 /

成功学之父卡耐基说过，一个人事业上的成功，只有15%是由于他的专业技术，另外的85%要靠沟通技巧。良好的人际沟通能力是工作和相互关系取得成功的关键。

在教育实践中，我们会发现一些极为普通但又长期在我们脑海中萦绕不散的教育现象：为什么我们用名教师的教案上课，却上不出他们的效果和风采呢？他们把握起来得心应手，异彩纷呈；我们却死气沉沉，味同嚼蜡。有时候，我们自以为是向学生热情地传递知识、价值观和各种行为要求，而学生却毫无兴趣。我们面临的是他们的抗拒，低度的学习动机、注意力不集中、厌学等现象。有时候，我们常常会对学生说，“我都是为你好”、“你们要听话”等等，而学生往往不领情，甚至和我们对着干……这些现象的实质其实都是由师生双方沟通不畅通引起的。事实上许多教师不仅缺乏沟通能力，而且从思想上也不予重视，更谈不上有意识地去培养它。沟通能力的缺乏会导致师生关系的淡漠和心理上的疏远，在教学中表现出教师不能够充分调动学生的学习热情和主动参与精神，直接影响了教师的主导作用和学生的主体作用的充分发挥；在育人工作中表现出学生对教师的言行不信任、不支持、不理解，直接影响了教育的实效性。

中国教育学会会长顾明远指出：“教师特别需要学习怎样与学生沟通，怎样处理好师生的关系。我认为这是当前教育实践中十分重要的问题。”仔细推敲顾老的话，很有道理。作为一个系统工程，现代教育虽然复杂而浩大，但各式各样的沟通，特别是师生间的沟通，却是构成教育运行的最基本的“细胞”。正是无数种、无数次沟通有序展

[1] http://blog.sina.com.cn/s/blog_825f09d10100s2xx.html.

开、聚合和积淀，才引发学生内心世界的变化、发展乃至文化积淀和精神成长。

教师的沟通能力是指教师所具有的构建师生间相互信任、相互理解、相互尊重的融洽、和谐关系的能力。教师的沟通能力对缩小师生间的心理差距，建立良好的师生关系，实现教书育人的教学目标以及对新课程改革的实施，都具有十分重要的意义。沟通能力是教师应具备的一项基本能力，是教师素质的重要内涵之一。教师具有较强的沟通能力，能够创建良好的师生关系，在教学中营造出和谐、融洽的教学氛围，使师生双方在一种积极的情感、良好的情绪气氛中互相支持、彼此合作，从而促进教学效果的提高。常言道："亲其师才能信其道"。具有较强沟通能力的教师，容易赢得学生的信赖和支持，可以形成一种无声的教育动力，使学生乐于接受教师的教育。因此，教师必须注重沟通能力的培养。

塑造高尚师德，为沟通能力的培养奠定基础 ／

前教育部长周济指出：教书育人，教书者必先学为人师，育人者必先行为世范。教师职业的特点决定了教师必须具备更高的素质，而师德是教师最重要的素质，是教师的灵魂。师德决定了教师对事业的忠诚和对学生的热爱，决定了教师人格的高尚和追求的执着；另一方面，师德直接影响着学生的成长，直接影响到学生的思想素质、道德品质和道德行为习惯的养成。"桃李不言，下自成蹊"。高尚而富有魅力的师德本身就是一部教科书，就是一股强大的精神力量，徜徉其中，耳濡目染，潜移默化，学生将受益终生。

高尚的师德，其核心是教师身上所反映出的强烈的事业心和责任感，是对教师这一职业怀有挚爱之情，是善于为人师表，不计个人名利和得失的一种崇高的精神境界。具有高尚师德的教师，能够从思想上真正认识到与学生沟通的价值和意义，并努力付诸实施；会用真诚和爱心构建师生间的相互信任、相互尊重的桥梁。师生间的相互信任、相互尊重的关系一旦建立起来，学生就会敞开心扉与教师进行沟通和交流；从另一方面说，学生往往“度德而师之”。也就是说具有高尚师德的教师所展现的人格魅力，会吸引学生主动与教师亲近、主动与教师进行交流。因此教师只有不断加强自己的师德修养，不断完善自己的个性品质，并以高尚的人格力量和健康的心理素质为基础，真诚地接纳、尊重和理解学生，才能营造出和谐宽松的师生关系，从而提高教育、教学质量。所以说，高尚的师德是教师展现沟通能力的基础。

丰富知识、提高技能，为沟通能力的培养夯实素质基础 /

能力的培养离不开知识的积累，教师要想提高自己的沟通能力必须以渊博知识和高超技能为基础。因为在与学生沟通的过程中，常常会遇到许多意想不到的问题，如果没有一定的知识和经验的积淀，就很难以合理的方式解决问题，从而形成沟通障碍。“给人一碗水，自己必须有一桶水。”如果教师具有丰富的知识和经验，就更容易把握沟通策略，善于与学生进行沟通。同时，教师如果具有深厚的专业知识、渊博的文化素养、聪明的才智、高超的教学技能和组织管理能力以及多方面才能，学生就会对教师产生敬佩之情，这为提高教师的威信、改善师生关系、发挥教育作用创造了条件；如果教师的知识面狭窄、兴趣贫乏、生活呆板、情趣单调，就会对学生缺乏吸引力、与学生缺乏共同语言，严重损害了他在学生中的威望，失去了与学生沟通的机会。因此，教师只有不断地学习，扩大自己的知识层面、增强自己的专业技能，提高自己的学习能力，才能为沟通能力的培养打下坚实的基础，正所谓“活到老学到老”。

掌握沟通策略，是提高沟通能力的有效途径 /

善于与学生沟通的教师，会用爱心呵护学生、用真诚对待学生，并注重了解学生的个性心理，掌握沟通的主动权，善于把握时机，注意方式。掌握一定的沟通策略是教师提高沟通能力的有效途径。

与学生建立平等关系，成为学生的良师益友 平等，是人与人之间建立情感的基础 。要建立和保持良好的人际关系，平等待人是达到最佳效果的诀窍之一。教师只有尊重学生，以平等、民主的态度对待学生，视学生为朋友，才能给学生一个放松的环境，进而成为学生的良师益友，方能在师生之间架起沟通的桥梁。

动之以情 师生交往中，教师对学生和蔼的态度、亲切的关怀，用情的呵护，能使学生与教师在情感方面产生共鸣，使学生更加热爱老师，相信老师，并愿意接受老师的帮助和教育，实现沟通的愿望。

善于倾听学生心声，理解学生 没有理解就无法沟通，不认真倾听学生的心声，不了解学生的真实情况，沟通便无从谈起。所以，教师只有认真倾听学生的心声，才能使学生感到教师可亲可敬，愿意向老师展现自己的内心世界，甚至会向老师吐露自己的“秘密”，于是便达到沟通的目的。

注重语言、体态等表达方式 俗话说，“一样话百样说”。注重说话艺术，也是实现与学生沟通的基本条件。同一件事情，是关心询问，还是训斥指责；是循循善诱，还是急风骤雨，其教育效果会迥然不同。教师每一句恰如其分的话语，都潜藏着与学生沟通的契机。一种商讨的语气，一种信任、鼓励的眼神，一种认真接纳的表情，一种要求合格的动作，一种真诚交流与沟通的体态等等，都会感染学生，使教与学互相交融，达到至高的教学境界。

注意把握学生的个性差异 由于学生所处成长环境、生活经历、年龄等方面的不同，他们的心理与思想、修养水平等方面都存在很大的差异。每个学生的心理差异、思想差异等情况要求教师在沟通时必须引起足够的重视。这就需要教师灵活地运用经验和智慧，对学生的内心活动有敏锐的观察力，结合学生的自身特点进行沟通。

善于把握沟通时机 人的行为受情绪的控制和影响。一般情况下，学生所处的那种积极的情绪状态，就是建立沟通关系的最佳时机。因此充分利用学生所处的积极的情绪状态，或运用适当的方式和手段，诱导学生变内心的消极情绪为积极情绪，适时进行沟通。

总之，教师是实施新课程改革的主力军，是教育、教学工作的组织者和实施者。强调教师以师德、学识为基础，以策略为途径，培养教师的沟通能力，对提高教师队伍素质，充分发挥教师在教育、教学工作中的主导作用，提高教育、教学工作的实效性，具有重要的意义。[1]

/ 调控能力 /

在新课程改革的背景下，教师要适应社会、适应不断发展的教育教学改革，就必须发展和提升自我。新课程改革发展到今天，教师角色已经由知识的传授者转变为知识的引领者。教师不再是学生学习的控制者，学生才是学习的主体，是一个个鲜活的、时刻发生变化的个体。课堂总是充满了变数，再有能力的教师也不可能在课前就能完全预设课堂教学。面对众多的不确定因素，教师除了在教学设计时要吃透教材、把握目标、收集素材、精心设计，为课堂调控做好充分的准备以外，教师如何才能进行有效的调控呢？

教师的课堂调控力 ／

毋庸讳言，有一些教师对于课堂的调控能力是很差的。有时甚至出现一个奇怪的现象，没有教师在课堂里由班干部管理着的课堂秩序井然，而有教师的课堂却熙

[1] http://daily.cnnb.com.cn/dnsb/html/2009-07/04/content_98778.htm.

熙攘攘，人声鼎沸，又尤其是教师在上自习课时如果给个别同学解答疑难去了，讲笑话的、做小动作的、疯来打去的，整个教室热闹非凡，学生们对老师的存在甚至可以视而不见。这样的教师，其对课堂的调控能力无疑是很差的，必须尽快改进并切实提高自己对课堂的调控能力。

以学生为主体，并不意味着将整个课堂完全交给学生，为了保证教师主导作用的有效性和学生学习的效率，教师必须对课堂进行有效的管控。因此，如何提高教师自身对课堂的调控能力就是一个需要思考的问题。

第一，认真上好每一节课。一个教师的威信，是在每一节课上逐步培养起来的。你的课堂是否能吸引学生，是一个很关键的因素。一个有着良好表达能力的教师，上课形式多样、内容丰富、语言幽默的教师，总是比那些形式呆板、内容单调、语言贫乏的教师对学生更有吸引力和感染力，因而也更能够吸引住学生，他们管控课堂的能力当然也就更强。只有这样的教师，才会在学生中有威信。同时，如果我们的课堂“中听”却不能“中用”，也就是说如果我们的教学效果不好，那么天长日久，你的形象亦必将在学生的心目中打下折扣，你对于课堂的调控能力亦必因此而降低。只有威信的不断累积，才能够使一个老师在管理学生的过程中形成“势”和“场”，从而提升自己管控课堂的能力。一个有着良好声誉和威信的老师，在管理中常常是可以“不怒自威”的。

第二，教师要能够“眼观六路，耳听八方”。不管是上课还是自习，你在讲课、辅导学生的同时，一定要能够洞察教室里其他学生的情况，特别是当发现有异样的声响或者动静的时候，最好停下正在进行的工作，将眼睛仔细扫视相应的区域，及时发现那些讲笑话、做小动作的学生并予以提醒或加以制止。也就是说，只要你走进课堂，每一个学生都应该成为你关心和关注的对象，而绝不能够容许他们有肆意妄为，影响和干扰他人学习的机会和可能。

第三，利用教学的机会有效育人。教育的精髓在于耐心细致的思想工作，我们经常说“经师人师”，一个教师既要能够教书，更要能够育人。我们不但要能够结合教学内容对学生进行教育，更要结合学生实际对学生进行耐心细致的思想工作。特别是科任教师，一定不要认为做思想工作只是班主任的事情，把问题学生往班主任那里一推了之，要坚持“我的课堂我做主”，对自己发现的问题一定要努力自己解决，始终把“育人”作为自己的责任。

第四，根据实际安排具体的学习任务对学生进行调控。学生所以讲话或者做小动作，常常是因为他们不知道此时应该做什么或者应该达到什么样的程度和效果，缺乏有效的检查和督促措施。如果我们在上课时，能够让学生的思维跟着教师的思路走，或者不断地给他们提出一个又一个的力所能及的学习任务——特别是自习课，这一点显得尤其重要，并且做好检查督促工作，那么学生就没有时间和工夫去做其他与学习无关的事情。同时，不同的学生应该有不同的内容，让他们在不同的层面上“软着陆”。

第五，有意识地督促大家相互提醒。有时学生开始在讨论学习问题，后来慢慢不知觉的分神，岔开到其他问题上去了，这时需要有人及时提醒督促，使学生的注意力迅速集中到学习中的问题上来。

第六，充分发挥学生的积极性与主动性，让他们有效参与课堂。课堂当然不是越安静越好——特别是在今天倡导学生合作学习的背景下，更是如此。再好的纪律也都是为学生的学习服务的。如何调动学生学习的积极性、主动性，让学生的思维始终围绕着学习任务转，是每一个教师都必须穷尽一生来认真研究的问题。也只有研究好了它，我们的教育教学质量和效率才会有保证。

第七，善于打造和谐的班级课堂氛围。和谐的氛围是一种潜磁场，它会牢牢地系住全体学生，让他自觉地吸引到班级氛围中来。

第八，对个别违纪学生进行及时、耐心、有效的教育，将不良苗头消灭在萌芽状态之中。

教师的心理调控力 ／

作为教师都会有这样的同感，即责任感与使命感、自信与自卑感、压力与困惑感等。这些心理感受会依据每个人不同的经历与学历、不同的性格特征和心理承受能力等多种因素，赋予自身相应的情绪、情感、动机、目标、态度、行为和结果。好的结果自然会给人一种成功而愉悦的心理体验，使人更加自信；反之，不好的结果便会给人一种不良的、甚至很糟糕的心理体验，使人感到自尊心受损而失去自信，压力与困惑接踵而来。不仅工作的积极性和兴趣受到压抑，其身心健康和工作效率也会直接受到威胁。

谁来为奋战在教学第一线的教师们减压？"不会自我调控的老师将会陷入压力的泥潭里，痛苦不堪，有的甚至患上抑郁症。"北京教育科学研究院白玉萍副教授认为，只有教师自己学会了心理调控，才能化压力为动力，找到职业的幸福感。教师要想在压力重重下得到解脱，除了需要社会、学校的支持外，更要学会自我调控。

学会倾诉　找家人，找信得过的朋友，把心中的不快吐露出来，从而让自己的焦虑减轻，最后能身心愉悦地面对新一天。所以创设一个良好的家庭氛围至关重要，交几个知心朋友也十分必要。

学会遗忘　时间是最好的解决问题的方法，积极忘记过去的、眼前的不愉快，随时修正自己的认识观念。别让一时的不快牵制你的未来，谁也阻止不了你前进的脚步。

自我解脱 学校是社会的一个缩影，学校里所受的各种压力，社会上比比皆是，不必太在意。在教学上，尽力就行了，不必为能达到上级的要求而在工作上像个“拼命三郎”，使家人见不到你的影子。对待学生，要有爱心，也要有宽容。要多考虑到他们都是独生子女，父母的期望过高，他们的压力也大，当他们因为成绩不如意而迁怒于你时，要学会宽容，不与他们过多计较。

换位思考认同法 正确认知压力，灵活调整自己的心态。例如，当你遇到认为不公平的生活事件或不协调的人际关系以及不愉快的情感体验时能换位思考。

注重过程 淡化功利法 建立合理的、客观的自我期望值。例如，对待学历、职称、职务、乃至人生，都应注重努力的过程而淡化结果。需注意两点：一是你的奋斗目标要合理；二是有时做事可往最坏处着想，向最好处努力。

要有理想 现实不如意，光是抱怨也无济于事。每个人都应有自己的理想，在人生的路上，为实现自己的理想而奋斗。理想要有成功的可能性，否则，一辈子朝着一个永不能实现的理想前进，必然痛苦。当我们为那个生命中的理想而努力时，人生路途中的沟沟坎坎又算得了什么呢？它们只会让我们的脚步更坚定。

建立自己的博客、微博 写给自己看，放松心情。这种方法可算是转移注意力法。就像听听歌、看看戏一样让自己有自己的生活和寄托。

众人面前理智法 在众人面前最好多观察、思考，少盲目表现自己。人人都会有这样的心理体验：当自己在众人面前盲目表现之后，却后悔自己的言行举止有损自己的形象而忧心忡忡。

音乐与生理保健法 各种声音通过耳朵被人感受，如他人的赞扬声、指责声、议论声、谩骂声等都会影响你的心态。因此，你可以多听一些优美的音乐，以缓解不愉快的心情。养成良好的生活与自我保健行为习惯极为重要。同时，创造和谐的家庭氛围更不容忽视。

更新环境自我调节法 在压力太大、心情不佳时变换一下环境。例如室外观景、室内养花、美好事物的想象、恐怖事件的回避（耳不听、眼不见、心不烦）。

自信自主激励法 即相信自己是最好的、最可以依赖的。每桩伟业都是由信心开始。要知道你所遇到的问题、压力和挫折别人同样也会遇到，只是时间早晚而已。因此，别人能正视并勇敢面对的事，你如果想做，通过努力你也能做到。就算你没有成功，至少可以一搏，以防后悔。关键在于机会对人是均等的，只有在准备中等待机会，才能善于抓住机会。所以自我安慰、自我激励、自我控制情绪、自我积极心理暗示，挖掘自己的潜能，培养并有效地展示自己的优势，走出属于自己的路。

教师职业是一个压力来源较多、压力强度较大的职业。高强度的职业压力可能产生失常行为。对于教师而言，压力过大已经成为教师的一种典型生存状态。所以，在这种情况下，教师自我解压就显得尤为重要，也只有如此，我们才能更好地保护好自己。[1]

[1] 刘彬.论教师的心理调控力[J].中国教育学刊.2011,（S1）.

／ 高尚的职业道德

教师职业道德是从事教学工作的脑力劳动者在教学实践中所应遵循的道德规范，是同人们教育活动的发展直接相联系的，它对形成教师的职业心理和职业理想，形成教师特有的道德习惯和道德传统，起着重要的作用。教师职业道德简称为师德，是教师在从事教育劳动时所应遵循的行为规范和必备的品德的总和。它从道义上规定了教师在教育劳动过程中以什么样的思想、感情、态度和作风去待人接物，处理问题，做好工作，为社会尽职尽责。它是教师行业的特殊道德要求，是调整教师与教师、教师与学生、教师与学校领导、教师与学生家长以及教师与社会其他方面关系的行为准则，是一般社会道德在教师职业中的特殊体现。

教师职业道德是随着教育的发展而发展的。春秋以前，教师职业道德虽然已经出现，但很不系统，往往夹杂于政治道德之中。春秋时期，孔子办私学，广收门徒，创立了许多有关教师职业道德方面的理论，并以《论语》一书集中反映了出来。其中较为著名、对后世影响较大的有："默而识之，学而不厌，诲人不倦，何有于我哉？"体现了一种有关"学""诲"的师德。"其身正，不令而行；其身不正，虽令不从。不能正其身，如正人何？"体现了一种"以身作则"、"言传身教"的师德。此外还有热爱学生、有教无类、不耻下问、知过而改、因材施教，循循善诱等有关教师职业道德方面的著名言论，形成了我国教育史上的第一个教师职业道

德规范体系。在孔子之后的百家争鸣时期，荀子、墨子、孟子等对教师职业道德体系进一步发展，如荀子在强调教师要以身作则的同时，又提出教师须具备的四个条件："尊严而惮"、"耆艾而信"、"诵说而不陵不犯"、"知微而论"，实际就是在德行信仰、能力、知识等方面对教师提出了更高的要求。汉代的董仲舒把"三纲五常"作为教师职业道德的核心要求，又说"善为师者，既美其道，又慎其行"，指的是教师的道德品质、知识才干、言谈举止等。唐代诗人韩愈将师德列于对教师要求的首位，云"弟子不必不如师，师不必贤于弟子，闻道有先后，术业有专攻，如是而已"。宋元明清又对教师的职业道德作了进一步的发展。如朱熹提出把"博学"、"审问"、"慎思"、"明辨"、"笃行"作为教师的道德规范，明末清初的王夫之则认为"德以好学为极"、"欲明人者必须先自明"。在社会主义条件下，教师是工人阶级的一部分，是人类灵魂的工程师，担负着培养共产主义事业接班人的艰巨而光荣的任务。社会主义的教师职业道德批判地继承了古代师德的优秀遗产，以共产主义道德的基本原则和行为规范为指导，从根本上区别于以往的教师职业道德，是最先进、最高尚的教师职业道德。

/ 敬业 /

要培养高素质的人才，教师必须具有全面的良好的素质，而其中敬业精神是首要的、最基本的素质。关于敬业，南宋著名哲学家、教育家朱熹认为"敬业者，专心致志事其业"。"精神"在哲学上指的是人的意识、思维活动和一般心理状态，是一种基础品质。教师的敬业精神是教师爱业、勤业、乐业、精业、创业的基本品质。

一个国家、一个民族的发展进步，关键靠人才，基础在教育。而教育的基础则是幼儿教育、小学和中学教育。然而，对于教育这一基础的基础，一些地方并不重视，对教师队伍疏于管理，导致中小学教学质量太差，学生求读他乡，生源流失十分严重。某地有个村，有十几个村民小组，村里那所小学办学历史悠久，当年是本村及周边村村民子女启蒙求知的天堂。上世纪70年代，在这所小学校园内还办过几届简易初中班。从这里走出去的学生有的还成了博士。可是，近年来教室内学生越来越少，鼎沸的教学相长情景已不再。今天全校只有25名学生、十几位教师。其中五年级只有一个学生。村子还在那儿，人口依然不少，生源之所以减少，是因为该校教师的心思根本不在工作上，打牌、脱岗是常事……由于教学质量实在太差，从这里毕业的学生升到教育质量并不好的乡初中，考试时语数两门主课相加只有十几分，也只能排在倒数第一名。就连家长带小孩到民办武术学校去，求爷爷拜奶奶，好话说尽，人家都不肯收留。鉴于这种现状，为了不耽误孩子启蒙求知，有的村民只好舍近求远把子女送往邻村就读。

胡锦涛同志强调要“着力建设高素质教师队伍，增强广大教师教书育人的责任感和使命感，加强教师职业理想和职业道德教育，提高教师综合素质和业务水平”；“广大教师要学为人师、行为世范、教书育人，当好学生健康成长的指导者和引路人”。要全面落实国家教育改革和发展规划纲要，开创教育事业科学发展新局面，教师爱岗敬业至关重要。尤其是在一些条件比较艰苦、地域相对偏远的农村中小学教师，应当忠实地履行职责，提高自己的职业道德，自觉地承担起教书育人的重任。

《中小学教师职业道德修养》指出：爱岗敬业精神是师德的核心内容。爱岗敬业作为教师职业道德的基本规范，是做好教育工作和履行其他教师道德规范的思想前提，教师只有具备了爱岗敬业精神，才能热爱学生、严谨治学、廉洁从教、为人师表、为祖国培养高素质的人才。爱岗敬业既是教师坚持为人民服务的宗旨，也是所有教师实现自我价值，获得个人满足，完成人格升华、实现个人利益的有效社会途径。因此，作为一名教师应把“爱岗敬业铸师魂”作为加强师德修养的一个重要主题，不断提高自身素质，才能适应时代需要，完成教书育人的重任。

热爱教育，热爱自己的学校 /

教师应该热爱教育、热爱学校，树立坚定的教育事业心。只有我们真正做到甘愿

为实现自己的社会价值而自觉投身这种平凡工作，对教育事业心存敬重，甚至可以以苦为乐，以苦为趣，才能产生巨大的拼搏奋斗的动力。教师的劳动是平凡的，教师的生活是清苦、清贫的。但教师在知识结构的完善方面有自求自得的充实感，在精神寄托方面有育天下英才的自豪感。在思想、信息、交流方面有“究天下之际，通古今之变，成一家之言”的独立感，在人际沟通方面有师生相处融洽和谐的亲切感。我们的工作，使无知的顽童变成了优秀学生，使迷惘的青少年成为祖国的栋梁，我感到欣慰。人的一生应该有个明确的目标，为理想而奋斗，虽苦但乐在其中。热爱教育事业，关心学校关注事业的发展，这是每个教师都应具备的。在实际工作中，珍视为人师表这份荣耀，严格要求自己，才能赢得学生的爱戴，家长的信赖、领导的信任和社会的认同。

热爱学生，建立良好的师生关系 /

热爱学生，是教师所特有的一种宝贵的职业情感，是良好的师生关系得以存在和发展的坚实基础。教师对学生的爱，与一般的人与人之间的爱有所不同。它不是来源于血缘关系，也不是来源于教师的某种单纯的个人需求，而是来源于人民教师对教育事业的深刻理解和高度责任感，来源于教师对教育对象的正确认识、满腔热情和无限期望。因此，我们说，师爱是一种充满科学精神的、普遍、持久而高尚的爱。教师越是满怀深情地去爱学生，就越能赢得学生对自己的爱，良好的师生关系就越是能迅速地确立起来并得到健康的发展。这种爱的交流是学生成长的催化剂，它可以有力地把学生吸引到教育过程中来，激发学生进行自我教育的动力，推动学生朝着培养目标所指引的方向攀登。热爱学生，能够激起教师对教育工作的强烈愿望；热爱学生，能够激起学生对教师的敬重。爱，能架起师生信任的金桥。

因此，作为教师在培植和处理师生关系的过程中，首先应当做到的就是热爱学生。苏霍姆林斯基也曾经说过：“我一生中最主要的东西是什么呢？我会毫不犹豫地回答：热爱儿童。”可见，乐于把爱奉献给全体学生是我们必备的道德素质。热爱学生，就要尊重学生、信任学生。尊重学生的人格和自尊心，尊重学生的个性、爱好和隐私。只有尊重学生，信任学生，才能建立一种平等、和谐的师生关系，才能培养出人格健全的学生。当然，热爱学生还必须严格要求，俗话说“教不严，师之过”，但严要有度，并不是越严越好，更不是对学生的任何一个过头行为都要严厉指责、严格要求，应该出于对学生真诚的热爱和关心。任何简单、粗暴、片面的做法，都可能给学生带来消极的影响。因此不允许教师粗暴批评、压制、体罚、训斥、辱骂、讽刺学生。俗话说：“良言一句三冬暖，恶语伤人六月寒”。当学生遇到困难时，就要用热情的话语鼓励他；当学生受窘时，不妨说句解围的话；当学生自卑时，别忘记用他的“闪光点”燃起他的自信心；当学生痛苦时，应尽量设身处地地说些安慰话；当学生犯错误时，换个角度想一想，假如自己是犯错学生时需要听哪些话。对学生要有友善的态度，与学生交谈常要换位思考，使学生从心底里体会到，老师的所作是为了学生好，是为了学生的发展。只有坚持这样做，才能建立良好的师生关系，才能树立起良好的师德形象。

面向全体，促进学生全面发展 /

说到教书育人，教师的爱岗敬业首先要坚持面向全体学生。作为一名人民教师，只有爱护、教育的义务和责任，没有喜欢一部分，歧视另一部分的权利，教师就是一位多孩子的母亲，每个孩子都是母亲心头肉，爱要洒向全体学生。面向全体学生就是要给予全体学生同样的关心和指导，同样的鼓舞和期望。教师应该公正、公平地对待每一个学生，满足他们求发展、求进步的需要，使学生从教师的行为中看到希望，受到鼓舞。“尺有所短寸有所长”，即使是最差的学生也有他的闪光点，在我们的实际工作中，

要一分为二地看待每一位学生，努力寻找适合各自特点的发展方向，使每一个学生都能有所收获，身体素质好，成绩较差的同学，就鼓励他们在体育方面多下功夫；有特长的学生，就帮助他们选好目标，在学好文化课的同时学好专长，真正让每个学生都找到自己的发展之路。

近几年，我国的教育专家们曾一再呼吁：学校轻视教育要出次品，轻视体育要出废品，轻视德育要出危险品。因此，教师的天职便是促进学生全面发展。为适应激烈的国际竞争和我国社会主义现代化建设的需要，我们培养的人才不仅要有扎实的科学文化知识、较高的思想品德，具有文明的行为习惯和良好的心理品质，还应具有一定的创新精神和实践能力，这就需要教师要着眼未来，面向现代化，为学生的健康成长和发展打好各方面的基础，就要在教育实践中，把教会学生做人，学会求知、学会审美、学会健体、学会劳动有机地统一起来，同等重视学科课、活动课的育人功能，把理论和实际、动脑动手结合起来，把课内外、校内外教育结合起来，使学生的知、情、意、行和谐统一，促进学生德、智、体、美、劳的全面发展。在以往的教学实践中，重知识轻能力、重智育轻德育的现象十分严重。只要我们认识到这一点就应注意培养学生的全面发展。课堂上，激发学生的学习兴趣，使他们积极地获取知识，并注意培养学生的创新精神和实践能力；同时在课内外注意言传身教，使学生具有良好的思想品行和行为习惯。

提高学生的自主学习能力和自我发展的能力 /

随着知识经济时代的来临，人类也将进入一个学习社会。学习将成为一个人一生的事情。作为教师，只有使学生“学会学习”，他们才能在未来社会中拥有独立生存的能力。让学生们“学会学习”，是我们当前教育教学改革的一个重要课题。当学习成为第一需要，知识成为生命价值，创造成为人生最大快乐的时候，我们的学生就拥有了在新的社会生存的真正资本，我们的民族也就会立于不败之林。

身正为范，塑造人格魅力 /

“学高为师，身正为范”，教师是人类灵魂的工程师，不仅要教书，更要育人，以自己的模范品行来教育和影响学生。在教育过程中，教师往往总是把对学生真诚的爱用美好而礼貌的语言表达出来。语言文明才能取得学生的信任和良好的教育效果。古人说：“慧于心而秀于言。”教师语言美，则其心必然善良而纯正，必然追求自身的道德修养。教师的仪表是教师精神面貌的外在体现，是其内在素质的反映和个人修养的标志，对学生具有强烈的示范作用，所以教师应做到举止稳重端庄，着装整齐清洁。教师的人格魅力是学生成长的重要保证。教师的人格之光对学生心灵的烛照深刻且久远，甚至可能影响学生的一生。现代教育，要求教师具有现代人的素质和高尚的人格。要有知识渊博的学者形象，要有开拓进取的创新精神，要有堪为师表的高尚品德。古人云：“其身正，不令而行，其身不正，虽令不从。”

总之，我们应做到热爱教育、热爱自己的学校；热爱学生，建立良好师生关系；面向全体，促进学生全面发展；提高学生的自主学习能力和自我发展的能力；身正为范，塑造超凡人格魅力。只有这样才能适应时代发展的需要，高效率、高质量地完成教书育人的工作任务。[1]

/ 奉献 /

教师是一个光荣神圣的职业，他慈祥亲切又不失严厉，对学生而言如同父母。我们的

[1] http://gxyx.cersp.com/article/browse/186798.jspx.

社会，也总是把最美好的词语送给教师：春蚕、蜡烛、园丁、人梯、工程师。相信许多人一生之中最难忘最敬爱的人就是自己的老师。然而，教师却是清贫的，选择了教师就意味着选择了责任和奉献。作为一名人民教师，必须热爱本职工作，忠诚于人民的教育事业，对教育事业具有无私的奉献精神。这是社会对教师的定义。百年大计，教育为本；教育大计，教师为本。教师肩负着传承文明，启迪未来，为国家培养人才的重任，是国家希望所在，群众期望所系。

对教师奉献的理解 /

一谈起“教师要有奉献精神”，很多人会不满意，甚至会发牢骚：为什么单单是教师？为什么教师就应该奉献？在强调教师奉献的时候你们做领导的又是怎样的？有这些牢骚是正常的，因为在人们的心目中，一味地强调“奉献”似乎是已经过时了，“吃的是草，挤出来的是牛奶”这样的世界观、人生观和价值观也许是人们对崇高精神境界的一种奢望了，但是我还是要说——教师是需要有奉献精神的！不管你愿意与否，这是教师这个职业所决定的。

我们来看“奉献”的“奉”字，在古汉语中，“奉”是一个象形字，是两只手捧着一个酒杯的样子，因此，“奉”的本意是双手捧着的意思。由此推断出“奉献”一词的含义就该是“双手捧着把某种东西拿出来”，也许这种推测是不确切的，但是我喜欢这个解释，因为它道出了教师这种职业的特征，说出了教师这种职业应该怎样去做好自己的本职工作。既然是用双手捧着，那就是一种非常恭谨的样子。为什么要非常恭谨地去做教师呢？首先是因为教师职业的重要性决定的。教师所从事的职业“是天底下最光辉的职业”，从小处说，它为我们的生存提供了有效的保证，如果我们不去恭谨地做好它，也许将来的某一天就会失去生存的基础，到那时，你再来想奉献也就没有依凭了。从大处说，我们所做的工作又不单单是为了自己生存，还关系到祖国的未来、社会的发展、人类的进步！虽然每一节课你也许只是为学生讲解了一个知识点、演算了一道习题、解决了一个教学难点，但是也就在这一个个知识点的链接中，培养和造就了祖国建设的栋梁之材，就在这一节节微不足道的课堂教学中，继承和发展了祖国悠久的灿烂文明！这种和祖国利益息息相关的职业，你难道就不应该去认真地恭恭谨谨地去做好它吗？其次是因为教师所面对的教育对象所决定的。大家都知道，教师的教育对象是活生生的人，“十年树木，百年树人”，培养人的工程是最为艰巨的。因为教师所面对的是一个个鲜活的生命，而教学就是一种与生命的沟通，与生命的沟通就需要时时刻刻的恭谨！也许教师的一句伤害学生自尊心的话，会摧毁他对未来的信心和对美好事物的憧憬；也许教师的一个错误的知识传授，会使学生形成一个错误的思维定式，不再去追求创造与发明；也许教师的一个毫不负责的主观臆断，会泯灭了学生的灵性，使他在浑浑噩噩中苍老终生；也许教师的一个缺乏关爱与期待的眼神，会使学生感受不到人与人之间的温暖，从而使他对整个社会充满敌意和寒冷！如果我们真的因为自己的失误，而影响了我们学生的成长与发展，我们的内心会安生吗？难道我们就不该去认认真真地恭恭谨谨地去做好我们的一切工作吗？

不过，我们提倡教师要奉献，但并不一定是要奉献自己的家庭或者自己的生命。像某某教师不惜以牺牲自己的身心健康甚至身家性命为代价换来学生的优异成绩，天刚蒙蒙亮就摸黑到校为学生补习功课，晚上月亮都升得老高了，还没有回家，批改学生的作业到子时，一天的工作几乎快要连轴转了，直到某天的某一刻由于不胜重负晕倒乃至壮烈牺牲在毕生热爱着的三尺讲台上，再没有一丝一毫的气力站起来为止。这不是奉献，从某种意义上来说，这是对人性的摧残，虽然是对自己。

对于教师而言，什么才能算是奉献？一个教师如果能够始终不渝地忠诚于党的

教育事业，严谨治学，勤于求索，不断进取，树立科学的现代教育观，不断提高教育教学的质量。这就是一个教师对教育事业的最无私的奉献了。

充分调动教师奉献的主动性 ／

当然，对于教师而言，奉献只能是教师的权利而不是义务。奉献只能是来源于教师的自愿和自发，而不是来源于社会的定义和学校的高压。然而，对于教师而言，它又与其他职业不同。它的对象是人而不是产品，产品有一定的规格，可以从一个模子里铸出来，只需要工人有娴熟的技术就能完成，但教师不行，学生是人，一个班有几十号学生，它就有几十种不同的特点，它每分钟都可以发生几十件不同的事件，如果教师能够潜下心来进行教育管理，毫无疑问，这就需要教师的奉献了。

第一，学校要将教师当作学校的主体，是学校的建设者，是推动学校向前发展的主要动力，而不能只将教师作为学校教育教学的工具。要实施人性化管理、民主化管理，让教师主动地参与到学校的各项工作中去，要将学校的利益、学生的利益和教师的利益紧密地联系在一起，要让教师们都能形成“校荣我荣，校衰我耻”的主人翁观念，从而可以充分调动起教师教学工作的主动性和积极性。主动性和积极性是教师无私奉献的潜在动力。

第二，学校要引进必要的激励机制，进行精神奖励和物质奖励。对于那些能够无私奉献的教师，我们要树榜样，要宣传，要大讲特讲。学校绝对不能够出现做与不做一个样、奉献与不奉献一个样，否则，教师就会失去奉献的积极性和主动性，不利于教育事业的发展。

第三，是要让教师深刻理解“奉献”与“收获”的辩证关系。李镇西校长在《师德新思考》一文说道：我依然认为，教师职业不应该仅仅是“奉献”，或者说，这个“奉献”本身也是收获。收获什么呢？收获成长！也就是说，教师在教育过程中，应该追求一种成功感。那么，作为教师，什么是成功，“对教育的认识更加深刻，拥有的教育智慧更加丰富，他的课越上越精彩，他开始进行教育科研并取得成果，又开始写作并发表教育文章乃至出版教育著作，他开始踏上由一名普通的教师通往教育专家的路……这都是教师的收获”，而这些，如果没有奉献，肯定也就不可能有这样的收获。

党和国家始终把教育放在战略地位，他们没有忘记人民教师，并竭尽所能地提高教师的政治、经济待遇。教师职业已经成为社会羡慕的职业。亲爱的教师们，我们又应该怎么样来坚守这个神圣的职业，去报答这份厚待呢？

温家宝同志说过，对人民的爱和奉献，是人的道德情操最崇高的表现。同样，为人民谋福祉、为社会促发展的教育事业，也是伟大而光辉的事业。亲爱的教师们，用心地投入教育工作吧，用心地爱我们的职业，爱我们的学生吧。你会在平凡的工作中升华崇高，实现自我价值，达到个人价值与社会价值的完美统一，你的生活会因此而幸福、自豪。

教师这个“太阳底下最光辉”的职业，承载着一个民族要实现伟大复兴的希望；教师这个“塑造人类灵魂”的角色，培育着一个国家要繁荣昌盛所需要的栋梁；教师这支“照亮别人燃烧自己”的红烛，昭示着要为教育事业献出自己的青春和热血；教师这个“传道授业解惑”的定位，激励着我们要用奋斗与拼搏去谱写人生的辉煌！[1]

/ 淡泊 /

人们常用“人类灵魂的工程师”、“精神雕塑家”等闪光的词句来形容和赞誉教师，这

[1] http://blog.sina.com.cn/s/blog_4ed68a670100f8vu.html.

些美誉也鞭策和鼓励着教师努力进取，甘愿吃苦，乐于奉献，从而形成了人们常说的教师精神。这种精神铸成了教师淡泊名利，超然物外的气质和对讲台的一往情深。

教师淡泊名利的必要性

社会的冲击

外面的世界很精彩，都市的灯红酒绿，刺激并冲击着我们的灵魂，窗外变幻莫测的现代风景动摇着我们的信念。大款、股票、汽车、别墅，日益膨胀的高消费，就像一只只充满诱惑的手，拉扯着人们易动的心，于是有人跳槽，有人利用学生拉起了利益的关系网，只为在名利上有所获得。这种心态，打破了校园的平静，玷污了讲台的圣洁。

最近网上炒得最热的莫过于学者明星之争了。许多原来是称得上学者的老师，却为了名利挤进了明星的行列，大赚其钱，而惹来一片骂声。

胡锦涛同志指出老师要淡泊名利，因为只有淡泊名利了，才能安心从教。因为老师注定与清贫为伍，除非你也想挤进明星圈子，但也不是什么人都有这个能耐。

有一首诗歌这样写道："山里教师与做官无缘，坐一回小车也是稀罕，他把理想翻弄成破残的教案，喝墨水，空穷酸。当别人在洋楼里潇洒，他却在油灯下鏖战，飞走了的有了高官厚禄，没逃的却在低矮的屋檐下蜗旋。辞职的已是腰缠万贯，留下的却在筹划着柴米油盐……"许多人读后几乎热泪盈眶，被山里教师的那种淡泊名利和安贫乐道的精神所深深的折服，不仅仅是感动，更多的是深深的震撼和汗颜。

职业的特点

教师职业的特点决定着教师就要有淡泊名利，超然脱俗的情怀。教师职业的社会功效是潜在的，收入相对偏低，荣誉也相对较少，但教师的工作责任重大，如果心平气和地看待自己的职业、自己的工作，心态就会坦然。对工作就会充满激情和热情。

当教师就要疏离浮躁，淡泊名利。当教师看到学生取得点滴进步的时候，当学生改正了错误的时候，当学生拿到了录取通知书的时候，当学生走进社会在工作中取得成绩的时候，一缕眷恋的柔情，一股燃烧的热情萦绕着激荡着教师的心，我们也如同得到了那朵鲜艳的桃花般激动兴奋，天下还有比看到自己培育的新苗正在茁壮成长更叫人快乐的吗？比之名利，这种甜美的感受，以及教书育人本身所蕴含的无穷乐趣，不是更让我们当教师的感到荣耀吗？

大款的别墅我们不羡慕，明星的高收入我们不眼红，教师的职业收入相比之下虽不够丰厚，但对能疏离浮躁，淡泊名利的教师而言足够用了。教师应是一个精神事业的高收入者。教师要以疏离浮躁、淡泊名利的精神去影响、培养一批又一批的学生，和学生一起成长。在教师岗位上，没有令人羡慕的地位和权力，没有显赫一时的名声和财富，也没有悠闲自在的舒适和安逸。只有不求闻达，不慕名利，不慕富贵，甘为人梯，乐教勤业，以平常人的心态高高兴兴的心情去做实实在在的事情的教师才能具有崇高而伟大的敬业精神。

做淡泊名利的教师 ／

正确对待名利

每个人的性格都有两面性，有阴的一面，就有显的一面；有静的一面就有躁的一面；有柔情似水的一面，就有性暴如火的一面；有功利的一面，就有淡泊的一面。古人云，师者，传道授业解惑也。作为把知识和技能传授与人的老师，播火传薪，传承文明，是人类灵魂的工程师。原本应该独静的一方净土，不知从何时起，为名利所惑，也在发生裂变，不少人不再视名利为粪土，不再视仕途为畏途，功利的一面蠢蠢欲动，不约而同地走入“官本位”“钱本位”的误区。把教好书定位在当官上、赚钱上，久而久之，

人格扭曲，信念动摇，这只会让我们的生命失去存在的价值和意义。

其实，我们并不是希望每个人都去做品质高洁的“苦行僧”，也不是希望人们都因看淡功名而失去生活的动力和追求。只是，在我们的一生之中，除了功名利禄，还有很多值得我们去追求、去实践的事情。还有很多比功名利禄更具价值、更具意义的东西，等着我们去努力，去付出。“淡泊以明志，宁静以致远。”心底无私天地阔，名利绕身是非多。希望所有的教师都能找到属于自己的心灵净土，活出价值。

要道德高尚，清贫自律

老师是清贫的，正因为清贫，才高尚。想发财就不要当老师，因为老师就意味着奉献。要为党的教育事业奉献，要为学生的成长奉献。因此老师自古以来就受人尊敬，自古以来就与清贫为邻。当老师就必须有奉献的精神，如果斤斤计较，那是当不了老师的。你想想，要教好书，就必须钻研教材，就必须研究学生，这都得花时间，而且是工作之外的时间，还要与学生交心，课余辅导。这些都不能企求有什么回报。所以只有道德高尚，清贫自律的人才能成为一名好教师。

以榜样为力量

2011年感动中国人物获奖者共产党员杨善洲，他永葆本色、矢志不移的坚定信念，　无私奉献、淡泊名利的高贵品质，艰苦朴素、苦干实干的优良作风，生命不息、奋斗不止的革命精神都令人敬佩。杨善洲同志担任保山地、县主要领导期间，从未为妻子孩子捞一册“农转非”户口本，没给家里盖上一间像样的房子。他把价值3亿元的林场无偿移交给施甸县政府，县里要奖励10万元，他坚决不要；保山市委、市政府奖励他20万元，他又把大部分作为捐资助学等捐献了出去。向杨善洲同志学习，就是要像他那样，加强思想道德修养，不图名、不求利，不谋私，守得住清贫，耐得住寂寞，一尘不染，坚持以德立身、以公处事、以廉树威，永葆共产党人的浩然正气。

作为一名教师，我们应该以杨善洲同志为榜样，无私奉献、淡泊名利，从自己做起，从现在做起，树立正确的世界观、人生观、价值观和利益观。我们要明白，教师的职责是教书育人，在教师岗位上，没有令人羡慕的地位和权力，没有显赫一时的名声和财富，也没有悠闲自在的舒适和安逸。教师的职业注定安于平凡，淡泊名利，讲究职业良心，只有不求闻达不慕名利，不慕富贵，甘为人梯，乐教勤业，以平常人的心态，高高兴兴的心情去做实实在在的事情才是教师具有的崇高而伟大的敬业精神。如果我们把平凡而神圣的教师岗位看作个人谋生的手段，那它永远也得不到成功。在教师岗位上，没有悠闲自在的舒适和安逸，只有默默无闻的奉献，认真负责，必须像杨善洲一样，干一行，爱一行，千万不能坐在这山望着那山高。我们要像杨善洲一样淡泊名利，志存高远展示着一个优秀教师崇高的价值取向。

以身作则，恪尽职守

教师肩负着教书育人的神圣重任，因而社会对一个教师的品行往往比其他行业人员提出了更高的要求。在当今这个社会，尽管拜金主义等在许多人的思想意识中盛行，但它不应该感染在教师的身上。一个优秀的教师要习惯寂寞，习惯清贫，用坦然的心理面对生活，以豁达的思想憧憬未来，始终把教育好学生能力当作自己不可推卸的责任，能经常自我反思教学的得与失，使自已真正能从教育教学理论的高度去审视自己教育教学行为，领悟教育教学的真谛，这样的老师就做到了“淡泊名利、志存高远”。同时，教师的一言一行都应具有示范作用，以身作则，才能真正教育感染学生。淡泊名利，无私奉献，从不索取，这本身就是精神，就是价值观，是社会主义核心价值体系的最好体现。高尚的师德，是对学生最生动、最具体、最深远的教育。我们应该自觉坚持社会主义核心价值体系，带头实践社会主义荣辱观，不断加强师德修养，把个人理想、本职工作与祖国发展、人民幸福紧密联系在一起，树立高尚的道德情操和精神追求，甘为人梯，乐于奉献，静下心来教书，潜下心来育人，努力做受学生爱戴、让人民满意的教师。

/ 博爱 /

爱与教育是一个永恒的话题，没有爱就没有教育，教师高尚的师德，是对学生最生动、最具体、最深远的教育。

教师教育的对象是人，是有血、有肉、有情感、有思维的人。因此，作为一名教师，需要有博爱之心。马克思说："人不是一件东西，他是置身于不断发展过程中的生命体，在生命的每一时刻，他都在成为，却又永远尚未成为他能够成为的那个人。"社会赋予了教师"教育人"的神圣使命，也就是说教师的教育对象是学生，而这些人是通过教师的关心、教育使其健康成长、多学知识。

平等对待每一个学生 /

从某种意义上说，在教师的道德天平上，每个学生都应该是平等的，我们给他们的爱也应该是平等的。而实际生活中，不少教师给予每个学生的爱却偏离了这一准则，受教育质量和名利的驱使，爱的天平出现了倾斜，对学习好的学生关心备至，对学习差一点儿的学生态度冷漠，形成了"一好遮百羞"、"只见树木，不见森林"的错误思维模式，殊不知这种模式对学习好的学生是一种怂恿，对学习差的学生是一种伤害，不仅不利于学生健康成长，而且严重损害了教师的师德形象，违背教师职业道德。

一个差生在作业本中写下了一段心里话：老师，"差"在我心目中有一种说不出的难受，它就像一个栅栏把我和一切都隔开，同学们羡慕的眼神少了，老师的关爱少了，想表现自己的勇气没了……老师，也许你并不知道，虽然我学习成绩差了点儿，但我一直在努力啊！说心里话我也渴望上进，渴望得到老师的关爱，哪怕是老师一个鼓励的眼神，我也许就冲入成绩优秀的行列。但事实告诉我，从不少老师的眼神我看得出，我的这点儿要求似乎有些奢侈，你是我信得过的一位老师，我只能把心里话说给你听，你也别往心里去。一个常常幻想天上掉馅饼的学生！老师看完这段话，深感汗颜的同时，内心也受到强烈的震撼。后来，这位老师有意识地注意他，不时地在其学习、生活上给予关心，培养他大胆，帮助他树立自信心，他在各方面也表现得积极主动，学习进步了，脸上的笑容也多了。请老师们及时地反思自己的行为，像这样的学生我们又忽略了多少呢？我们给予每个学生的爱平等吗？学习成绩相对差一点儿的也是我们的学生，他们在某种程度上来说更需要老师的关心和爱护，像这样的学生我们给予的爱又有多少呢？

学会接受和付出、关心和爱护 /

美国教育学会主席内尔·诺丁斯说过这样一句话：如果一个孩子在进入小学时还没有学会如何接受和付出爱心，那么这个孩子的人生将处于危险之中，他会遇到各种各样的困难，包括学术上的。反观现实，目前我们学校教育仍然遵循的是认知为本的学科教育，素质教育在推行实施，但需要一个过程。从现实角度出发，很多教师更注重学生的考试成绩，成绩代表一切，无形中把它作为衡量学生好坏的分水岭。这导致那些在学业上不成功的学生从思想认知上出现误区，认为自己成绩差了，不被老师重视，没希望、没前途了，产生自卑心理，自暴自弃，严重忽视了自身的长处和优点。从一定意义上来说，他们人生的成功也可能从此被否定了。因此，作为一名教师，尤为重要的是对学生要有博爱之心。只有教师博爱，才会赢得学生的爱戴，才能得到学生的信任和理解。

关心是一切成功教育的基石。作为一名教育工作者，应让爱心与责任扎根心中，牢固树立“大爱无言，以爱孩子之心爱学生，厚德载物，以做功德之心做教育”的育人理念。深刻认识到关爱和被关爱是学生的基本需要，只有从关心、爱护的角度来组织教育，才能点亮学生的心灯，激发学生潜能。

爱是教师最美丽的语言。要当好一名教师，就要爱岗敬业，热爱学生，爱得专心致志，爱得无私无畏！热爱学生是师德教育的核心。教师的职业道德品质是否高尚，主要从以下方面看：看他是否忠诚于人民的教育事业，能否坚定不移地全面贯彻执行党的教育方针；看他是否热爱学生，能不能做到既教书又育人。随着社会的发展，党和国家对教育的深切关注，真诚地热爱学生已被视为当代教师的师德之魂。[1]

/ 尊重 /

教育是一种师生的双边活动，应当建立在师生之间相互尊重，相互理解，平等信任的基础之上。作为这项活动的组织者和引领者的人民教师，更应当尊重学生的人格，理解信任学生，关心每个学生的健康成长，关注每个学生的德智体等各方面的全面发展，注重对学生个体的理解、尊重和关爱，培养适应社会进步的全面发展的人，这也是素质教育的核心，更是新课程改革的目标取向。

教师对学生要有爱心 /

师德的核心就是爱

温家宝说，作为教师，首先要有爱心。有一句话说，没有爱心，就没有教育。对孩

[1] http://www.yyedu.gov.cn/newsInfo.aspx?pkId=8379.

子对学生要关爱，要宽容，要耐心，这样，才能体贴入微，把他们教育好，做到这一点，就要求教师有崇高的道德。师德的核心就是爱，没有爱，没有情感的教育是苍白无力的。其实在班级工作中，只要把批评和处分建立在关心热爱学生的基础上，体现出对学生的真诚与期望，当学生感受到老师对自己的关心和爱护时，他们会更“倾心”于老师，更乐于接近老师，更愿意接受老师的批评教育。

“爱是教师教育艺术的基石，爱是启迪学生心扉的钥匙”。特别是后进生，爱是促进其转化的一个极为重要的外部条件。因此，对于后进生的教育，我们不应采取那种简单、粗暴的讽刺、挖苦、责骂，甚至变相体罚等形式，而应从思想上爱护他们，从生活上关心他们，从学习上帮助他们，使他们从内心为之感动，愿意接近你、信任你、听你的话，做你的知心朋友，从而消除隔阂与对立情绪，培养良好的师生感情，老师再抓住时机，因势利导进行教育，便能收到良好的效果。即使被认为是“无可救药”的人，我们都有责任和义务对他进行挽救和改造，尤其作为教师更应担负起教育、引导的责任。教师育人，最重要的品质是必须具备爱心和责任心。一位名副其实的好老师必须具备这种良好的师德和优良的职业作风，才能在教育过程中，用自己的人格形象去教育、感染学生，用自己的行为习惯去影响和熏陶学生，以产生一种潜移默化的作用。

教师自始至终都应把一颗爱心融化在学生的心田，以微笑和友谊包容学生的不足和过错，以情感和宽容激励学生的志趣，以高度的责任心做好育人的本职工作。我想，只要每个教师都用爱心和责任心去完成教育教学工作，就不会有“孺子不可教”的现象存在了，我们的基础教育工作就会结出丰硕的果实。我们采用的教育方式不是放任自流，更不是无原则地迁就，而是以正面引导为主，用宽容的态度帮助他们寻找良性过渡的途径。在教育的过程中，我认为和谐的师生关系是教育达到有效性的前提，当没有和谐的师生关系，教育的内容对于一个小学生来说已不再重要了，重要是学生已

不再喜欢信任你了，这样的关系就是你说的再有理对学生来说已没有任何效果了。

没有爱的教育是不成功的教育

教育需要爱，没有爱的教育是不成功的教育。教育者首先需要有爱心，爱每一个学生，爱他们，如同爱自己的孩子、自己的亲人。爱的阳光沐浴每个学生，像火把照亮学生前进道路，像一面旗帜激励着每个孩子奋发向上。爱把学生的悲伤赶走，把欢乐带给学生；爱把学生的孤独驱走，把温暖赐予每个学生；爱把学生的心灵的窗户打开，幸福之花盛开每个学生的心间。作为一名教育者，要富有爱心、同情心，能将爱心洒向讲台，并将爱心与智慧结合，使教育过程变成一种美的享受。每一个学生的成长都需要教师的关爱，都离不开教师的爱的阳光沐浴。作为教师要像爱护自己的亲人一样热爱学生。在日常教学工作中，深入学生，与他们谈心，做他们的知心朋友，细心观察每一个学生。当学生在生活上遇到困难，向他们伸出援助的手；当学生学习中失去信心时，帮助他们树立学习的信心，以增强他们的自信心。当学生沐浴到你的爱心时，他们就会克服困难，学会坚强，扬起理想的风帆，努力拼搏。

教师对学生要宽容 /

对学生应有宽容之心

著名作家雨果说过：“世界最广阔的是海洋，比海洋更广阔的是天空，比天空更广阔的是人的心灵”。在芸芸众生中，能够形成亲近的师生关系，实在是一种缘分，教师和学生都应该珍惜。作为老师，回想我们的青春时代，曾经那样不知天高地厚，说过一些不该说的话，也做过一些不该做的事。青春是美好的，即使是过错，也是美好的。如果没有过错，就没有教训和反省，就不可能走向今天的成熟。学生年轻，不谙世事，缺乏经验，难免存在这样或那样的不足。老师是过来人，对学生要宽容为怀，不可过于苛求。对于学生的优点和点滴进步，更要适时给予鼓励，表达自己的赏识之情。越是彼此亲近的人，越是苛求对方与自己的态度和行为倾向保持一致。老师与学生的关系越密切，彼此的期望和要求就会越多，一旦哪方面不能满足对方，就可能会造成一些负面影响。不过，老师的心胸要开阔些，对学生应有宽容之心，至少应该给对方申辩和解释的机会。

对别人的过错能宽容原谅是一种美德，也是一个优秀人民教师必须具备的心理品质。作为一名老师都应该以自己的宽容，走进学生，走进学生的内心，变成学生心目中可亲可近可以推心置腹的人，这样才能顺利达到教育学生的目的。宽容是一种温柔的力量，它可以穿透人的心灵。在我的教学生涯中，我就非常注重去宽容和赏识自己的学生。

世界上没有完全相同的两片树叶，当然更没有完全相同的两个学生。由于学生存在个体的差异性，所以作为教师对学生要宽容。对于成绩不理想的学生，对他们从不放弃，从不抛弃，与他们谈心，缩短与学生的距离。当他们犯点错误，不要惩罚他们，耐心地帮助他们改正错误。学会尊重他们，信任他们，用同情心去唤醒学生的上进心，自信心和自尊心，帮助他们消除自卑感，解除他们的烦恼和悲伤，用热情和爱心温暖鼓励学生，做他们的良师益友。作为教师要小心呵护学生，使得师生关系融洽，就这样，学生的学习积极性提高了，才能有利于培养学生的创新思维和创新能力。

老师应该有宽容的胸怀，对待学生的个性发展，充分认识学生某一时期的成长特征，认可他们这一时期的个性特征和行为特征，让青少年保持该年龄段的天性。老舍先生主张维护儿童天真活泼的天性，不可强求，更不可处处约束。老师对学生的评价要有宽容的态度，不是处处以纪律和规章制度约束他们，而是用理解和宽容来认可学生的少年天性，再引导和培养发展他们的个性。

宽容不是放纵

当然，宽容不是放纵。俗话说，严师出高徒。因此，老师在对学生宽容关爱的同时也要严格要求，密切关注其心理动态，在学习、科研和生活方面悉心指导。对学生所存在的缺点，要善意地及时指出；面对学生所犯的错误，该批评时不能含糊，但一定要注意批评的方式和方法。

宽容是智慧的善良，是悟透人间之难的觉醒，是对人类的爱和信心，是睿智，是勇敢，是寂寞冬夜里飘然降来的春风，让我们教育生涯中多吹一些这样的春风吧。

教师应平等尊重每个学生 ／

承认和尊重学生的差异

学生的差异是客观存在的，我们就应该承认和尊重学生的差异。这种差异要求教师针对不同学生，创造适合每个孩子全面发展的教育，在教学中我们应该实施分层教学，使每个学生在各自的基础上发展，使每个学生都能品尝成功的喜悦，只有这样才能使学生不被老师遗忘，树立学习自信心，也才能让优生向更高的目标迈进，培养出更多有创新能力的尖子生，让每个学生都取得更大的进步。

尊重学生的独立人格

我一贯提倡教师要尊重学生的独立人格，因为尊重学生的人格是教育的前提。尊重学生的独立人格不仅包括他的优点和长处，也包括他的缺点和短处。有些教师因为“恨铁不成钢”或是疾“恶”太严，缺乏宽容的气度，没有认识到学生的人格价值和品质，就难以和“差生”沟通，从而无法取得较好的教育效果。苏霍姆林斯基说过：“赞扬差生极其微小的进步，比嘲笑其显著的劣迹更文明。”事实上，只要对“差生”多一些宽容和赏识，多用发展的眼光看待他们，帮助其分析症因，提出应对策略，就能使他们的潜力得到开发，而这种潜力一旦被挖掘出来，迸发出来的力量是惊人的，甚至一点不比“优生”差。

现代教育要求教师尊重学生，只有尊重学生，平等地对待每一个学生，信任学生，教师才可能深入学生的内心世界，聆听学生的心声，准确把握学生的心理状态，才能与学生进行心灵的沟通，最终才能收到良好的教育教学效果。教师的一举一动，影响着每一个学生，为人师表。学生需要老师的尊重，教育如果能顺应或激发学生的这种需要，就能最大限度地激发学生的潜能，使他们在自己的最近发展区得到最好的发展，教育就能取得成功的效果。

作为一名教育者，需要有爱心，爱每个学生，因为每个孩子都渴望得到教师的那份宽广而深厚的爱，平等地对待每个孩子，用发展的眼光去看待每一个学生，虽然他们存在差异，但他们有不同的优点，渴望教师像伯乐一样去发现他们的优点，得到教师的鼓励和赞扬，得到教师的肯定与信任，只有这样他们才能快乐的成长。[1]

/ 博学 /

教师是人类灵魂的工程师。教师应该多才多艺，这样的教师更能带动课堂学习气氛，带动学生的积极性和主动性，从而使教学获得更好的效果。

教师要成为博学杂家 /

教师要出色地完成教书与育人的任务，必须具备良好的思想道德素质、心理素质和业务技能。要在有扎实的基础知识和专业知识的基础上，成为博学杂家。

[1] http://tieba.baidu.com/p/715890429

教师要会教书，但只会教书，不是真正的教师。毫无疑问，教师应该是博与专的结合。“师者，所以传道、授业、解惑者也”。既然要解惑，就得回答学生提出的上至天文，下至地理的各种问题，不博哪能行！优秀教师的成功经验说明：教师的知识越广博，教起课来，越能得心应手。博学，讲课时才能旁征博引，左右逢源；才能噀玉喷珠，妙语生春。

博学，才能“书到用时不觉少”，才能出口成章；博学，才能高屋建瓴，开阔思路，举一反三，触类旁通；博学，才能博采百家，自成一体，形成自己独特的教学风格；博学，才能推陈出新，别具见地，见人之所未见，言人之所未言；博学，才能把学生领进知识的大千世界，引起他们的好奇心，激发他们的求知欲，让他们去探索、去攀登、去遨游、去奋飞！

正确看待“要给学生一杯水，教师要有一桶水”

现在，教育行业流行“要给学生一杯水，教师要有一桶水”的说法。它比喻教师只有具备渊博的知识，才能胜任自己的工作。现在在教师的个人总结和各种经验材料中经常见到，已经成了教师自勉和互勉的“座右铭”。但是稍微推敲一下，这句话有不妥之处。第一，这句话形象地比喻了陈旧的知识传授方式——灌输，表达了教师的教学方法仍然是“填鸭式”，学生的学习完全是被动的，而不是主动的。第二，一个人不可能掌握所有的知识。虽然各个学科的知识相互联系、相互渗透，但是每个学科的专业性很强，俗话说“隔行如隔山”，教师也不可能把各种专业知识学得很透，在有的时候、有的方面，教师还不如学生知道得多，这时，教师就不是“一桶水”了，甚至没有学生的“一杯水”多。例如有的学生能熟练地使用电脑查阅资料，有的教师却不会。第三，把一桶水分成若干杯水，是一种简单的量的分解，不能体现学生的自主学习和探究学习，不能体现学生对知识的理解和创意，与素质教育背道而驰。第四，有的教师把这句话改成“要给学生一杯水，教师要有一缸水”，或“教师要变成自来水，长流水”等，这是一种简单的、没有意义的文字游戏。

新课程要求教师博学多才 ／

不少人认为《品德与社会（生活）》无非是《思想品德课》的另换名再版本罢了，上课思路应该和《思想品德课》差不多。但是，通过学习我才恍然明白，原来大不一样。它不仅肩负着培养健康情感、树立正确人生观、价值观等思想教育任务，更要让孩子去了解生活，热爱生活，了解社会，热爱社会……它是一门全新的课程。这就需要广大教师首先要有丰厚的知识积累和机智的课堂应变能力。

案例片断：

师：请你用自己喜欢的方式把家乡的物产推销到博览会上，开始吧。

生(思考后)：我们家乡是柳编之乡，还有很多水果，我想推销柳编的篮子。我先召开一个水果品尝大会，让大家免费吃水果，临走时再每人送一个篮子，里面装满水果。让他们对这些形式多样、颜色鲜艳的篮子感兴趣，以后就会来购买。

师：你的想法真不错！

实事求是地讲，对于这段发言，七八岁的孩子能说出意思明白、条理清楚的一大段话已经实属不易，更何况其中包含了独特的创意！然而这样的独特创意教师却只有一句简单的评价。我们反思，评价不应仅仅停留在判断对错或者对学生鼓励的层面上，有时更需要将学生的思维进一步明朗化，进一步再创造，再提升，使他们的创造性思维闪现出更加灿烂的智慧之光。而恰如其分地机智点拨与提升需要的不仅仅是

精当丰富的语言，更需要教师博学多才。

这么多的孩子，如此活跃的思维，谁能料到课堂上会出现什么问题？又怎么能事先预料到这些问题关系到哪些知识？所以教师们平时要多读书善积累，丰厚自己的知识底蕴，提高文化素质。正所谓“天文地理皆学问，信手拈来是知识”。

“得天下英才而教之，其乐无穷；得大道恩师而学之，乐在其中。”教师，是学校重要的教育资源，教师的素质，决定着学校的教学水平和质量。新课程的确需要教师们博学多才，这是新一轮课程改革中的最重要问题。[1]

/ 诚信 /

《师德与教师职业》中有一个小故事：美国一所中学28名学生在完成一项生物课作业时，从互联网上抄袭了一些现成的材料，被任课女教师发现，判28名学生生物课得零分。他们还将面临留级的危险。在一些学生家长的抱怨和反对下，学校要求女教师提高学生的分数，女教师愤然辞职，学校有近一半的教师表示，如果学校要求教师改分数，他们也将辞职。教师们认为：教育学生成为诚实的公民比通过一门生物课的考试更为重要。社会上一些公司也要求学校公布这28名学生的名单，以确保公司永远不录用这些不诚实的学生。在案例中，学生抄袭作业无疑是不诚实的表现，而这位教师不仅要求学生做到诚实守信，而且自己首先做到诚实守信，坚持原则，以自身正直的道德人格力量引导和感召学生和教师。

诚信是一个流行词，曝光率非常之高。在全社会都高谈诚信的时候，我们更应该来好好思考一下什么是诚信，怎么样做才是真正的诚信？这非常有必要。

诚，即真诚、诚实；信，即守承诺、讲信用。诚信的基本含义是守诺、践约、无欺。通俗

[1] http://www.xxkt.cn/zhxk/2007/16322.html.

地表述，就是说老实话、办老实事、做老实人。中华民族自古以来就崇尚诚信，有“一诺千金”、“一言九鼎”、“人无忠信，不可立于世”的古训。曾子杀猪的故事我们并不陌生，他以实际行动给儿子上了一堂极其重要的人生第一课，教会了他做人的根基是诚信，又教育了多少代人。“商鞅变法，取信于民”为建立诚信守约的社会风气和社会法制标新立异。商家合法经营，是诚信；人们之间相互平等交往，是诚信；教师传道授业解惑，也是诚信。在我国颁布的《公民道德建设实施纲要》中，也大力提倡诚信。

但不可否认的是我们发现，现在社会上“造假”成风，信用危机问题日益突出。究其原因是人们的价值观念、价值取向发生了变化，拜金主义急功近利导致了诚信的缺失。且“随风潜入夜”般地也侵蚀到了纯净的教育领域。有的学校得知领导要来视察，便全员出动大扫除；得知领导要召开学生座谈会，各年级各班更是细致而周到地面授机宜，一遍遍地教育学生当着领导的面说假话。即使是公开课、评优课，也是充分准备，精心彩排，什么问题由谁回答、如何回答都安排妥当；各地中考、高考舞弊现象屡禁不止。殊不知，这样的教育教会学生的只能是虚假、伪善、阳奉阴违、远离诚信。同时，教师光辉的形象也在学生心目中慢慢褪色。

曾子以信教子的故事告诉世人诚信的可贵，诚实守信是做人的基本准则。如果说，曾子面对的只是自己的孩子，那么，教师作为人类灵魂的工程师，面对的又何止是一个孩子，更应该懂得在当今社会遵守诚信的美德是具有何等重要的意义。

“教师，是天底下最光辉的事业！”“学高为师，身正为范。”“师者，所以传道授业解惑也！”……无数的定义，众多的称谓，其核心内容都阐释了教师理应是真善美的化身。教育的确是一个特殊的行业，教师肩负着承传社会文明推动社会进步的重任，人品应成为社会的楷模，人性的标尺！教师诚信危机具有严重的社会危害，不仅会严重污染和影响教育的纯洁和教育环境、教育秩序，而且教师的不诚信行为还可能会严重影响到学生的诚信观念和行为。因此，诚信是师德的基本要求，是教师职业从业的基础，是一个教师所应必备

的品质之一。

教师要以身作则，为人师表 /

为人师表是教师处理职业劳动和自身人格塑造之间关系的准则，是教育事业对教师人格提出的特殊要求。教师作为人类灵魂的工程师，要塑造高尚道德的人才，必须要认真贯彻诚实守信、言行一致的行为规范，就要追求"以德立身"，要学生诚实守信，教师必须率先垂范，身体力行，以教师高尚的品行、人格的魅力，诚信的作风取信于学生。

想一想，如果教育学生要认真学习，自己却终日无所事事；教育学生遵守学校规章制度，自己却经常擅自离校；教育学生不光顾网吧，自己却整天在办公室玩游戏；教育学生讲卫生，自己却随地扔垃圾；教育学生按时完成作业，自己却在学校教案检查时交不上来；教育学生考试不能作弊，自己却在考试中却借助现代通讯工具，堂而皇之携夹带……这种教育，效果可想而知。德高才能望重，作为教师，要想使自己的教育有效果，首先要使教育者有他信力，要求别人做到的，自己必须首先做到，否则教育就成了空洞的说教。这样的教育无疑是不会成功的。

我们知道，"身教重于言教"，以身立教是教师强有力的教育手段，教师的思想、行为、作风和品质，每时每刻都在感染、熏陶和影响学生。要求学生遵守的自己必须先遵守。这样用教师的人格精神，可以不需要教师的一句话，而使学生受到感染，产生影响，这就是所谓"此时无声胜有声"了，而且这种影响往往是久远的。很多对人类科技进步做出过重大贡献的大科学家，在谈到自己的成长时，无不谈及老师对自己的终身影响。可见，教师的职业道德对学生的影响是多么重要。教师只有始终坚持严于律己，言传身教，才能实现教书育人，培养"四有"新人的神圣使命，真正做到明德惟馨。在模范遵守行为规范的同时，要从一点一滴做起，切勿因恶小而为之。

教师要“言必信，行必果”

俗话说得好，“言出必行”。对教师来说，因为教师职业的特殊性这点就显得尤为重要。班主任老师宣布不准迟到，可是对迟到现象却听之任之，这一现象怎能杜绝？考前要求学生遵守考试规则，但对考试作弊的同学没有相应的处理办法，下次将会有更多的学生作弊。久而久之，学生对于诚信概念的模糊、缺失就不足为怪了。反之，如果教师“言必信，行必果”，要求学生做到的自己首先做到，以自己的实际行动切实地感染着学生，这样对学生的教育必定会起到事半功倍的效果。曾经听过一个故事：在英国南部的一所小学里，一位教师调任一个较差班的班主任，该班孩子大都很调皮，爱捣蛋。老师说：“孩子们，你们要是能把学习成绩搞上去，我就去吻校外放牧场里的一头猪。”从那天起，他们的课堂纪律好了，学习积极性提高了，即使有贪玩的，别的孩子也会提醒“难道你不希望看到老师去吻那头大猪吗？”半年后，孩子们的学习成绩有了很大的进步。于是，老师带着这群孩子穿过公路，来到放牧场。孩子们在猪圈里看到一头特大特肥的猪。老师走近那头大猪，轻轻地吻了它。孩子们在猪圈外笑得前仰后合，老师也和他们一样大笑了。读这个故事，我们不是看到这位英国教师的滑稽可笑，而是看到了他平易近人的态度和师生平等的意识，看到了教育所追求的亲近自然的境界，看到了教育所拥有的和谐欢愉的氛围，也看到了这位教师诚实守信的一面。

墨子说：言不信者，行不果。言行是否一致是衡量一个人诚信与否的一把尺子。作为一名人民教师，要处处成为学生的表率，首先一点就是要说话算数，说到做到。有承诺，就要践言。不能朝令夕改。对于学生的要求，答应了就要让这一要求实现。同

时，我们要将教育学生要诚信的话语变成自己的实际行动。因为我们在教育学生，给学生提出诚信要求时，也是对自己提出的要求，等同于在学生面前的一种郑重的诚信承诺。从你提出要求那一刻起，你就已经无形中接受了学生的监督。你的言行就成了你的诚信度的检验尺子。

教师要建立起与学生间的诚信桥梁 /

苏联教育家克鲁普斯卡娅说过："对儿童来说，教师的思想和品德是分不开的，一个深受学生爱戴的老师所说的话，比一个与他们格格不入的受他们鄙视的人所说的话，他们接受起来是完全不同的；从后者口中说出来的即使是崇高的思想，也会变成可憎恨的东西。"

我们也经常可以听到学生的议论，说他们喜欢某位老师，而不喜欢某位老师，也经常可以看到，某位老师布置的任务，学生一丝不苟地完成，而某位老师布置的任务，学生过耳即忘，学生与教师之间的诚信桥梁出现了问题。因此，建立彼此间诚信的桥梁是非常重要的。如果要完善诚信桥梁，首要的是，教师要树立起自己的人格魅力。教师的人格魅力来源于渊博的学识和教书育人的能力，来源于善良和慈爱，来源于对学生的信任和宽容，来源于对事业的忠诚和从不满足的执着精神。其次，教师要以信用取信于人，对学生要给予信任。对学生的信任是建立在爱心的基础上的。对学生要看到他的闪光点，要肯定他的成绩，表扬他的进步，即使在学生有过失的时候，同样相信他有改正过失重新开始的能力。不光要看到学生的现在，更要关注他们的未来，让学生感受到老师的爱。

培养诚信公民，传承诚信传统，打造诚信社会，是教师义不容辞的责任和义务。我们要以此为起点，重新定位教师诚信教育的地位与作用，挖掘教师诚信教育的内涵，积淀教师诚信教育经验，探寻诚信教育方法，全力开展诚信教育，为培养诚信公民做出自己的努力和贡献。[1]

/ 宽容 /

宽容是一种重要的道德品质，它是指一个人在与他人的交往中，有容人之量，特别是能宽恕别人的过失的道德行为特征。教师要保护孩子固有的好奇心和求知欲，保护孩子的童心和纯真，保护孩子的求异和“可爱的错误”，保护的前提就是宽容。教育需要宽容，教育呼唤教师的宽容。

教师要有宽容之心 /

教师以教书育人为天职。我们每天面对一个个活生生的有不同个性的学生，如何才能教好他们？尤其是在他们犯错的时候，该怎样教育学生？最重要的是教师要有宽容之心，允许学生犯错误，少批评多表扬。美国作家马克·吐温曾经夸张地说：一句好的赞语能使他不吃不喝过上两个月。俄国教育家乌申斯基说过：“儿童憎恨的是任何时候也不能从他那里得到表扬和承认的老师。”“赠人以言，重于珠宝；伤人以言，重于剑戟。”学生在被关爱的同时，也学会爱教师、爱集体。学生没有好坏之分，只有先后之别，不要把学生“一棍子打死”。

教师要有宽容之行 /

教师需要多方面的良好素质，但是在教育教学活动中，教师必须具有宽容之心，

[1] http://blog.whjy.net/user1/liuchangliu/25172.html.

才能使我们的教育教学成功。作为教师的我们，在教育学生时，要对学生做到宽容、尊重、理解，这是任何学生都渴望得到的。教师学会理解、尊重和宽容，就是找到了和学生交流和沟通的钥匙，不仅适应新课程标准的要求，也是适应素质教育的要求。

人是需要刺激的。有了刺激，人的行动才能得到强化。人又是具有丰富精神活动的动物，因此，表扬和鼓励比物质的刺激重要。它就如温暖的阳光，能使小树焕发生机，使学生健康成长。有人说，学生调皮捣蛋，老捧着他们，怎么行？其实你只要有一颗爱学生的心，把他们当朋友，去欣赏他们，你一定会发现学生的许多优点和可爱。那么，教师应该怎样学会宽容呢？

第一，教师要拥有一颗爱心。著名的教育家陶行知说："没有爱就没有教育"。对于教师来说，拥有一颗爱心是很重要的，爱心是教育的前提和基础，只有有了爱心，教师才会懂得怎样宽容学生。教育必须要在爱的基础上建立，少了爱就无法实施教育。只有拥有了智慧的爱，与学生平等相处，才能与学生达到真正的心与心的沟通、心与心的互换。要想让他们愉快地接受你所传授的知识或做人的准则，首先就得摆正你们之间的关系，以学生为主体，充分发扬平等、民主、和谐的师生关系。允许学生犯错，允许学生争论，允许学生发问，允许学生对教师提意见等，让学生有话想说，有话敢说。教师拥有了爱心，拥有了宽容心，学生便拥有了广阔的天地，拥有了学习的内动力。如果教师还能及时地发现学生的一些优点、一些长处给予表扬、鼓励，对学生将是莫大的安慰，可使他们在学习中感受到无穷的乐趣。

第二，教师应学会欣赏人类丰富的差异。但我们应理解差异，接受差异，更要尊重差异，欣赏差异。我们应该树立"没有两个指纹完全相同，也没有两个人完全相同"的观念。同时，也正是因为有了差异才让我们这个世界变得更加丰富多彩，更加奇妙无比。在班级所在同学中，他们有的美术好，有的音乐好，有的语文好，有的数学好，有的热爱学习，有的热爱劳动……他们之间相互学习、相互帮助。在对待“差生”的问题上，老师给了他们更多的宽容和爱心、更多的理解和尊重，并带领全班同学给予了他们更多的关怀，让他们充分发挥自己的优势，再加上老师和同学们以欣赏的眼光看他们，使他们感到自己和别的学生一样的快乐、一样的幸福。

第三，对待学生表扬比批评有效得多。有人认为，给学生表扬多了，他们的尾巴就上了天。可美国一位心理学家曾拿两个班做实验，一个班专门批评，另一个班专门表扬，结果，受表扬的班的智力水平、成绩状况均好于另一个班。还有人认为，这不是恭维、阿谀逢迎吗？其实，我们不妨以大人为例，如果你的上司总是鼓励你，你工作起来就会感觉非常舒心，而因为一些疏忽和错误就一味地批评你，那你就会工作干劲不大，那么学生更是如此。因此，“高帽子”只要是真诚的，发自内心的夸奖和赞誉，学生是一定能在不断地激励中逐步前进的。有位学生的字总是写不好，没有一次合格的，老师就采取鼓励的办法，哪怕发现他有一个字写得有进步，都及时加以表扬。后来，这个学生的进步很惊人，班上写字比赛时还得了奖。在教学工作中，若能变着花样去表扬每一个学生，将收到意想不到的教育效果。

第四，教师应学会尊重、理解学生和相信学生。尊重意味着承认某人或某事的价值，尊重学生就是要尊重他们所提的建议，尊重他们提出的问题，尊重他们所犯的错误……也许你要问：错误也得尊重吗？是的，一个人不就是在错误中成长的吗？失败是成功之母，没有错误就不会有成功。某班有一个叫李婷的女生，从来不敢在课堂上回答问题。班主任再三与她谈心后才知道：她在原来的班上，有两次答错了问题，被同学们嘲笑了，从此她再也不敢举手了。于是，老师对她说：“婷婷，别怕，只要是你自己想的，哪怕说错了，你也是很了不起的孩子！”她疑惑地望着老师，老师又很肯定地说：“真的，在我们班里，只要你动了脑筋想问题，哪怕回答错了，老师和同学们都不会笑

的，而且还会认为你是个爱动脑筋的好孩子呢！”此后的某一天，她终于轻轻地举起了手。老师惊诧极了，急忙请她起来回答。至于她回答得对与错，老师已记不清了，但却记得在自己表扬了她的勇敢、同学们给以热烈的掌声之后，她笑了。笑得是那样甜，那样幸福，那样自信。从此，她的小手一次又一次地在课堂上高高举起。对于教育，重要的不是得出正确的结果，而是在于走向正确的那个过程。这个过程是最有价值，最值得回味，也最能使人幸福的。所以，应该给学生一个犯错误的空间，并充分尊重他们、理解他们、相信他们，站在学生的角度想问题，解决问题。[1]

/ 公正 /

何谓公正 ／

公正是处理人际关系时的公平与正义的伦理原则。公正或正义一直是人类社会的普遍的道德法则，是我们孜孜以求的价值生活目标，也是伦理学思想史一直不断探究的一个核心概念。公正一方面是一个社会性、历史性的范畴，在阶级社会中还有阶级性。但是公正本身又有它统一的规定性，正是这一统一的规定性使公正成为千百年来人类社会孜孜以求的美好目标。

公正的特性

公正必须具备的特性有三条：对等性、可互换性、最终价值判定的依赖性（有利于社会发展和个人幸福）。首先，对等性就是指主体对人对事要一视同仁，适用同一个规则或标准。以一个标准对别人而以另外一个标准对待自己，就叫偏私，当然就是不

[1] http://www.bokee.net/dailymodule/blog_view.do?id=890075.

公正了。比如在古代社会，君主对自己的标准和他对臣民的标准就是不一样的，所以以现代人的眼光看，奴隶社会和封建社会的整个体制就是不公正的。这正是历史上的历次革命之所以发生的原因。由于公正具有的对等性，所以人们往往容易将公正错误地理解为平均主义。其次，可互换性是对等性的要求和保证。要真正做到对人对己用一个标准，就必须能够让自己处在对方的位置时，仍然接受自己原先承认的法则。所谓“己所不欲，勿施于人”是也。否则，就是自以为是的公正即伪“公正”。第三，罗尔斯同时指出公正原则应当是这样的：“当原则体现在社会的基本结构中时，人们倾向于获得正义感。按照道德学习的原则，人们发展起一种按照它的原则行动的欲望。”所以公正必须具有正向价值属性或价值合理性。公正的标准本身不能自己说明自己存在的合理性。公正标准本身必须有公正之外的价值依据。这一根据有二，一是看它是否有利于社会的发展，二是看它是否有利于个体的幸福。当然，这两个根据本身又是统一的。由于幸福本身的价值性、利他性，又由于社会发展的终极目的仍然是个体的幸福，所以最终的依据应当是看这一标准是否真正有利于主体幸福的实现。所以一方面公正是一个普遍的道德法则，另一方面公正原则在最终价值判定上又有依赖性，它依赖于公正以外的东西。公正的这一属性既使我们认识公正与偏私的对立，也使我们能够理解为什么平均主义不是对公正的正确理解。也正是因为这一最终价值判定的依赖性，公正才是一个社会和历史的范畴。

公正的内容

美国伦理学家、乔治敦大学教授汤姆·L·彼彻姆说：“一切正义理论共同承认下述最低原则：同样的情况应当同等地对待——或者使用平等的语言来说：平等的应当平等地对待，不平等的应当不平等地对待。”这条基本原则通常称为“形式上的正义原则”。公正原则说到底是一种处理利益关系的原则。

一是报偿原则。所谓报偿原则，即权利原则，意思是主体的贡献等于或者不小于应得的权益，类似于“按劳分配”原则——多劳多得，少劳少得，不劳动者不得食。对每一个有劳动能力的人来说，这样一个社会的分配原则是公正的。但是在市场经济条件下，我们对“劳动”概念要加以限定，劳动必须是有效或创造了价值的劳动。无效的劳动与有效的劳动获得同样的报偿，显然也是一种不公正。所以依据“贡献”作为标准是比较合适的。报偿原则的基本要求是贡献等于或不小于应得权益。这是因为贡献若小于权益，就意味着剥夺别人的劳动成果，当然是不公正的；而贡献若大于权益，就意味着被剥夺，当然也是一种不公正。当然如果主体的觉悟较高，愿意奉献自己的爱心，这是仁慈或慷慨的美德，当然无可非议、值得提倡的，但这已超越了公正原则。所以，在权益分配上的公正应当是要求贡献等于或不小于应得的权益。

二是承诺原则。所谓承诺原则，也可以称为义务原则，它的内涵是权益应当小于或等于主体所承诺的义务。这是第一个原则的延伸，是一个与职业道德联系密切的原则。任何人都有自己的权利和义务。在自己的岗位上，若希望自己承当较小的义务却希望获得较大的权益，那么他就是希望无条件收获别人的劳动成果。同时如果承诺的义务可以小于权益，那么就整个社会而言，也不可能。所以只有当承诺并且践行的义务大于或等于自己收获的权益时，社会发展才能正常，人际关系才能理顺。否则就只能承认和导致不公正。

公正的类型

首先，从公正的性质上看，公正可以分为报偿性公正与惩罚性公正。报偿性公正如上所言，是公正的基本形式。但惩罚性公正同样是不可忽视的。因为如果惩罚不公，就不会有以德服人的功效。而且，如果忽视惩罚性公正，该罚不罚，实际上也就是一种变相的分配上的不公。现代社会极易形成对惩罚性公正的忽视。原因之一是，这种抽象的人道主义宣称所有的人都有某种永不消失的天赋人权，即使是丧尽天良、毫无人性者，也仍然如此（比如一些国家已经废除了死刑）。实际上这种抽象的人道主义恰恰忘记的一个自然的结果是对善良者的不公正。所以这种抽象的人道主义貌似公正，但实际上恰恰忘记了“平等仅仅是对平等者的平等，而不是对所有人的平等”这样一个公正的基本原则。

其次，从公正涉及的主体关系上看，有三类公正：“我—我”公正，自重，自己对自己的公正；“我—你”公正，人格对等的公正；“我—他”公正，对规范的同等遵守的公正。

第一种公正主要反映的是“我—我”关系，它的基本要求是自重，这是一种自己对自己的公正。实际上如果一个对自己都不能做到公正的人，我们就很难指望他能对别人做到公正。对自己的公正的起码要求是努力和幸福。善待自己莫过于努力理解自己的价值所在并恰当地努力实现这一价值。自我价值实现的结果就是幸福的获得。在此我们再次找到了一个公正与幸福的内在联系。第二种公正是一种人格对等的公正。“己所不欲，勿施于人”。它要求主体能够充分尊重对方的人格自由和尊严。我们不可以视自己为追求幸福有血有肉的主体，而视他人为自己一个纯粹的外物。实际上幸福生活只有在人际和谐的环境中才可能找到，如果我们试图在一个充满敌意、孤独和冷漠的人际环境中寻找幸福，我们就只能缘木求鱼。正是由于这一原因，公正原则往往需要仁慈原则来补充。第三种公正是一种狭义的公正。他人是一个与自己完全对等的客体。所以在涉及利益关系时，双方都有对等的权利。为了保证各自的利益，双方都需要做出对等的让步；同时双方都应遵守相同的准则和义务。这是一个涉及到社会合作方面的伦理原则。为了保证合作成功，也为了各自在合作中顺利实现共同利益，对规范的同等遵守的公正十分必要。当然，这一遵守是客观的、“冷冰冰”的。公正就其对人际

关系的调整来看，是十分重要的。人际关系调整得当，人们就会和睦相处，产生积极、健康的心情；相反，就会造成极大的敌意、孤独和冷漠。但是上述三种公正类型往往只涉及了道德主体一个方面。这在某种意义上说有不全面的问题。

教师的公正 /

教师的公正是指教师在自己的教育活动中对待不同利益关系所表现出来的公平和正义。它表现在教师与自身、教师与同事、教师与学生等人际关系之中。教师公正是教育公正的核心内容，是一条至关重要的职业道德范畴。

教师公正的必要性

(1) 有利于教师威信的提高。公正是人格的脊梁。孔子说："其身正，不令而行；其身不正，虽令不从。" 这句话虽然是对从政者说的，但对教师同样适用。教师既是教育者，同时也是教育活动的设计者和管理者。如果教师的行为是不公正的，除了同行、领导的舆论、谴责和制度的制约之外，最主要的是影响教师的威信。上海师大曾有一次对4500学生的调查，结果有84%的被试认为"公正"是"教师工作重要的职业品质"；92%的被试认为，"偏私和不公正"是"最不能原谅的教师品质缺陷"。由于学生对教师公正品质的期望很高，教师公正与否，当然影响他在学生心目中的形象。一个没有威信或威信不高的教师注定将成为一个成就不高的教师。

(2) 有利于良好的教育环境的形成。教师能够对人对己做到公正是十分必要的。因为公正处理家长和社会有关方面的关系，就会有利于形成较好的学校教育的外部环境；公正对待同事、领导，则有利于协调不同的教育职能，形成教育集体的良好心理氛围，从而形成教书育人的学校教育的内部环境；公正地对待学生是教师公正的重点，这一种教师公正则有利于直接的教育、教学环境的形成。比如在实际教育活动中，我们常常看到，由于教师对优秀学生的偏爱和对所谓差生或后进生的忽视或其他不公正的对待，后进生出于一种反抗心理，往往会强化其“捣乱“的倾向。其结果当然是教育教学秩序的混乱，最终是不利于教育活动的顺利开展的。

(3) 有利于学生的道德成长。由于公正本身就是道德教育的重要内涵，所以教师公正本身直接构成德育的内容。教师要让学生选择公正的生活准则，他自己就必须首先做到为人处事的公正无私。同时在学生的心目中，教师往往是公正、无私、善良、正义的代表，对教师有非常美好的期待。这一美好的期待决定着当教师在与他们的交往中做到公正办事时，他们就会感觉到公正的美好和必要，从而奠定他们在未来社会生活中努力追求道德公正的心理基础。反之，当他们原本有着美好期待的老师不能公正无私时，不仅会伤害他们对于老师的美好的情感，而且会让他们怀疑显性道德教育课程所教授的公正本身的合理性，从而妨碍他们的道德成长。正如夸美纽斯所说：“除了智者，任何人都不能使别人成为有智慧的人；除了能言善辩者外，任何人都不能使别人成为能言善辩者；除了道德的笃敬宗教者外，任何人都不能使别人成为有道德的和笃敬宗教的人”。所以我们也完全可以说，除了践行公正者，任何人都不能使别人成为公正的人。

(4) 有利于学生学习积极性的发挥。教师公正对学生的学习积极性发挥十分重要。这一重要性体现在两个方面，一个是对学生个体，另一个是对学生集体。对个体而言，教师公正是学生学习积极性的源泉之一。比如，教师对优等生的偏爱和对后进生的忽视或其他不公正的对待就既不利于优等生又不利于后进生的积极性的发挥。对前者的溺爱会助长其骄傲和浮躁的情绪，丧失其不断进步的动力；对后者的忽视当然更会损伤学生的自尊，打击其本来就可能不高的学习积极性。对于学生集体来说，不公正的教师行为会人为地造成学生集体的分裂。其结果当然是集体生活和集体建

设的动力减退、集体对学生个体在德育和智育诸方面的教育性降低。

(5) 有利于社会公正的实现。首先，教师的公正是社会公正的重要组成部分，教育公正直接从属于社会公正。其次，根据杜威的观点，学校是社会的雏形，因此教育公正是社会公正的起点。如果学生在学校生活中不能感受应有的公正存在，那么学生将很难建立起公正的信念，最终会不利于社会公正的实现。所以教师能否实践公正关系到一个社会公正的实现及其程度。

教师公正的特点

(1) 教师公正的教育性。教师公正的特点首先是与其职业特征联系在一起的。教师公正的首要特点就是教育性。这里的教育性主要有两条。一是公正行为的教育示范性，二是公正调整的人际关系主要是师生关系或以师生关系为基础，体现在自己的教育活动之中的。教育劳动的特点之一是教育主体与教育手段的同一性。教师如果不能在自己的周围建立起公正的人际关系，尤其是在师生关系中缺乏公正的内容，就是在行不公正的身教。由于师生关系和教师职业的上述特殊性，教师的不公正往往是最不能饶恕的。

(2) 教师公正主体的自觉性。教师是一种对自己的工作有较高职业意识的社会角色。这一方面是因为教育活动本身是一种具有目的性的活动，另一方面是因为现代社会所有的教师都是经过职业上的专门训练的。教育活动自觉性的重要标志是教师对自己职业道德及其重要性的了解。学校、教室等教育情境也常常会有道德上的文化暗示。所以与其他社会阶层相比，教师在进入岗位之前和之后，都会有较高的职业道德的自觉意识和修养的动力。教师的职业道德自觉意识的内涵中当然也包括教师对教育公正的原则的自觉意识。

(3) 教师公正实施的实质性。教师公正的实质性是说教师公正具有相当大的灵活性，着眼于实际或实质意义上的公正而不完全拘泥于形式上的公正。这一点实际上也可以算作教师公正的教育性的一部分。比如同样都给了五分，对于一些通过努力已经进步到接近五分水平的同学来说，一方面由于他实际上还没有做到100%或与最好的同学一样好，给他五分似乎不公正；但另一方面，正是这样的五分使他看到了学习的进步和希望，实质上教师在这里并非对他实行了不公正的偏爱。又比如，对于同一种错误的批评，有时候教师对优等生的批评甚至会比对后进生的批评还要严厉。这是因为在一定条件下，后进生更需要对其自尊的爱护和策略的批评，而优等生则更需要使之猛醒的棒喝。这里形式上的不公正实质上却是公正的。因为实际上教师对这两类学生的爱是完全相同的，不同的仅仅是教师根据其对学生的了解和教育规律所采取的具体措施的差异。

教师公正的内容

教师公正既表现为教师对自己的公正，也表现在公正对待同事、领导及学生家长等方面，更表现在正确对待教育对象上。我们可以分别称之为教师对自己的公正、同侪性公正、对象性公正。

(1)对自己的公正。亚里士多德曾经将公正视为一种人际关系的“中度”。孔子和孟子也提出了“中庸”的理论。教师公正实际上就是要在以师生关系为基础的人际关系处理上实现某种“中度”。教师应当对得起自己，所以必须有一种对自己的公正。它包括对教师自尊、荣誉以及合理的经济利益等等合法权益的要求和维护。教师对自己的公正不仅是“我—我“关系，也涉及到教师与社会的关系。在中国社会中，也许是人们对教师的职业期望较高，一方面社会在舆论上普遍赞同提高教师的地位和待遇，但另一方面人们包括教师本身往往又认为教师应当羞于言利，只做蜡烛，只问耕耘。要求教师做苦行僧，无论是社会还是教师本身，都是一种不公正，因此从伦理学的角度看

这一心态应当予以纠正。

(2)同侪性公正。在自尊、荣誉以及其他利益的处理上，教师的同事关系也必须保持适当的“度”，这是一种同事公正。许多教师对于自己的领导往往做不到公正对待，要么恭敬有余，唯上主义，要么恃才傲物、目空一切。而实际上教师同他的领导之间除了管理关系之外，人格上是完全对等的。这一对等性决定着前两种态度都是不公正的。所以教师在与领导的关系处理上最关键的是要在工作上服从分工、相互配合，在人格上相互理解、彼此尊重。教师与自己同事的关系是一种真正意义上的“同志”关系。在处理同其他教师的关系上，主要是要公正地评价自己和他人的工作，并在此基础上做到相互配合，共同完成教育的使命。教师之间常常出现的“文人相轻”的现象，从根子上看，往往出自教师在同事关系上的不公正。

(3)对象性公正。教师对学生的公正的主要含义是在教育活动中对学生持民主与尊重的态度；对不同性别、年龄、出身、智力、个性、相貌以及关系密切程度不同的学生能够做到一视同仁、同等对待，不以个人的私利和好恶作标准。我们可以将这一教育公正称之为对象性公正。教师应当明白，教师对社会、对家长、对同事等等公正关系的重要性一是因为公正的示范性，二是因为这些关系可以为正确和公正对待学生创造条件。如果对待教育对象做不到公正，其他的公正努力就没有意义。概括地说，教师对学生的对象性公正最主要的是要做到平等地对待学生，爱无差等、一视同仁，实事求是、赏罚分明，长善救失、因材施教，面向全体、点面结合。

第一，平等地对待自己的学生。平等地对待自己的学生，实际上也就是教育学所常说的要树立正确的师生观的问题。从伦理学的角度看，教师要公正地对待学生，首先是要真正尊重和信赖学生。在我国的传统中，教师往往习惯于把自己置于“绝对权威”的地位，往往认为自己当然在人格上高于学生，漠视学生独立存在的主体性。这样当教师教导学生应当公正处世时，学生极有可能报一种不以为然的态度。因为在他与教师的交往中，体会不到应有的尊重或人际公正。所以，古代社会产生的“师道尊严”的观念是有违师德，尤其是有违现代教育伦理的基本要求的。当然，人格上的平等并不意味着角色上的对等。教师与学生之间的关系还应有对学生的教养与要求的一面。为了这一点，教师威信、威望的存在又是非常必要的。否认这一点就是否认教师职业的特质。所以教育公正的重要内涵之一是教师要努力做到对学生的尊重与要求的统一。

第二，爱无差等、一视同仁。所谓爱无差等、一视同仁，指的主要是教师不能以自己的私利和好恶做标准处理师生关系，应当给所有学生提供平等的学习机会。一个最为常见的现象是，教师往往出于虚荣或其他利害有意无意偏爱一些学业成绩好的学生，而相对歧视或忽视一些成绩差的学生。有意的不公正当然属于明显的师德缺陷，无意的不公正也是应当注意防范的。实际上正是因为后者的成绩差才更需要教师的关怀和帮助。正如俄罗斯的一句谚语所说的“漂亮的孩子人人喜欢；而爱难看的小孩才是真正的爱”。

第三，实事求是、赏罚分明。所谓实事求是、赏罚分明，就是要做到“尊重和要求的统一”。一方面要根据学生的实际因材施教，但是另一方面在制度上又不能允许有特殊学生的存在。赏罚本身往往是次要的，学生在意的主要是赏罚所体现出的教师对他们的评价。现代教育的一大难题是如何认识惩罚的教育性。许多人抽象地反对惩罚，尤其是“体罚”，理由是损害学生的身心健康。但惩罚在何种情况下是损害学生的身心健康的，什么是体罚和一般惩罚的界限一直是人们争论的话题。实际上除了较为严重的损害有悖于教育活动的性质和范围之外，一定情况下对学生的惩罚与奖励一样，是有利于他们的成长而不是相反的。问题的关键在于处罚的程度和性质。

第四，长善救失、因材施教。长善救失、因材施教是教师公正或教育公正的另一方面。如前所述，教师公正具有实质性。在对学生的爱护、帮助、评价和奖惩上应当一视同仁。但是一视同仁不能理解为一种刻板机械的公正形式。在落实一视同仁、爱无差等原则时要考虑到学生在个性、知识水平和智力程度等方面的差异，因材施“爱”、因材施“罚”。否则那种貌似的公正实际上却是不公正的。因为公正的原则既是“平等的应当平等地对待”，也是“不平等的应当不平等地对待”。

第五，面向全体、点面结合。所谓面向全体、点面结合，是指教师如何在个别教学和集体教育中如何做到教育公正。这也是一个教育机会均等的问题。为了某些后进同学的进步，适当的补课和其他个别的关照是必要的；给一些特别聪慧的优等生创造提高的条件，如适度的“开小灶”的做法也是公正的。这是因为只有因人制宜才不至于耽误每一个学生的发展，是一种爱无差等的实质上的公正。但是超越限度，置大多数学生于不顾的某些所谓“抓重点”的做法，包括过分强调重点校、重点班、重点苗子的做法是有违教育公正的。因为在只抓重点的做法中，太多的学生受到忽视，失去了平等的受教育机会。所以特长校、特长班、特长学生是正确的，而重点校、重点班、重点苗子的做法虽然在一定条件下有其合理性，但长远看却往往是要逐步予以矫正的。正确的做法是以全体学生的发展为基础为目标的因材施教、点面结合。

除了对自己的公正，对同事的公正、对学生的公正之外，对家长的公正、对社会的公正也是教师公正的应有之义。在中国，教师往往将对待学生的教养关系自动迁移到对家长和一般社会人士上，造成不良后果。例如，许多学校的家长会不是教师与家长的正常沟通，变成了教师对家长的训斥。又例如，教师以其较为正统的价值观念要求社会上的所有人和事，将对社会的不一定正确的负面评价带到自己的教育活动中，造成对学生的误导，等等。当然，教师对家长的公正、对社会的公正其实是教师对象性公正的延伸。如果我们对学生的公正能够真正理解和施行，那么对家长的公正、对社会的公正也就比较容易实现。[1]

/ 正气 /

时代在发展，社会在进步。随着新一轮教育改革的推进，传统的教育观念、课堂模式、师生关系受到强烈的冲击。同时，社会的价值观参差不齐，金钱至上得到普遍认同，在新课程背景下的新型教师应该在“正气”上下功夫，努力将自己打造成充满正气的创新型教师。

何谓正气 /

“正气”一词早见于孟轲提出的“浩然正气”，即充塞于天地之间最盛大、最刚直的一种凛然正气。讲正气，就要堂堂正正做人。“人”字虽然笔画简单，但要做到堂堂正正，不是一件容易的事。南宋民族英雄文天祥曾在《正气歌》中做过精辟的论述。天地和伦理道德的存在皆是以浩然正气为根本，人具备了这种气势磅礴、万古长存的正气，便可进入“富贵不能淫、贫贱不能移、威武不能屈”的崇高精神境界，并逐渐成为民族的正气节操。正气乃光明正大之气。它是一种无私忘我、行端影直的净气；是一种铁骨铮铮、腰杆挺直的骨气；是一种博采众长、宽宏的大气；是一种敢于碰硬、敢于攻坚的勇气。

教师的“正气”，就是要有“刚正不阿”、“贫贱不移”的气节，就是能够甘于清贫，乐于奉献；就是能够勤于钻研，求真务实，不满足于既得成绩，勇于进取；就是要有敢为先的探索精神，就是要独立思考；就是要有“宁可枝头抱香老，不随黄叶舞秋

[1] http://blog.tianya.cn/blogger/post_read.asp?BlogID=207193&PostID=8607450.

风”的傲骨。教师的“正气”，就是要有正确树立社会主义荣辱观；就是要有忧国忧民的高尚情怀；就是要有自觉抵御不良风气侵蚀的坚定意志；就是要有“千磨万击还坚劲”的不为名利所动的坚强品性；就是要有高洁的情趣，不媚俗，不随流，洁身自好；有济世的情怀，更有善身之修为。教师的“正气”，就是要有虚怀若谷、海纳百川的宽阔胸怀；就是要知大事，识大体，明大礼；就是要不拘小节，顾全大局，站得高，看得远；就是要有“老吾老以及人之老，幼吾幼以及人之幼”的博爱精神；就是要有“人饥己饥”、推己及人的大爱思想。

教师要有正气 ／

做“真、善、美”型的教师

教师应成为真善美的化身。作为社会主义精神文明的建设者和传播者，教师所从事的不是谋食谋衣、谋名谋利的职业，而是追求真善美，剔除假恶丑的“太阳底下最光辉的事业”。教师是“人类灵魂的工程师”，要无愧于这个光荣称号，就必须全面提高自身素质和修养，使自己成为真善美的化身。

其一，“真”是指每个教师要具有科学的思想，要树立正确的世界观、人生观、价值观，坚持正确的价值取向，坚定共产主义信念；要勤奋学习，把学习和追求知识看成毕生最为重要的事情；要在实践中努力探索教育教学的科学规律，锐意进取，成为科研型教师。教师的“真”就是表现为诚实守信、公平正直，言行一致，表里如一。教师为人处世必须追求真理，尊重科学，公正无私，光明磊落，是非分明，伸张正义，忠实坦诚，正人正己。教师正直诚实还表现为不装腔作势，不弄虚作假，以自己正直诚实的品格来影响学生。就像陶行知所说的那样：“千教万教教人求真，千学万学学做真人。”教师要敢讲真话，处在改革开放、开拓创新形势下，教学内容有着鲜明的时代性，教学对象又具有反应灵敏、思维活跃的特点。这就要求教师对一些新的观点、新的举措要加强学习，力求取得正确的理解。学生可能提出使教师难以解答的问题，出现尴尬的局面。教师就要实事求是，敢讲真话。第一，不懂就是不懂，不可装懂。面对新情况、新问题，师生可以共同探讨，切不可为了顾及面子乱加解释，造成错误的说教和导向。第二，不回避矛盾，积极地分析矛盾、解决矛盾。第三，以身示教，以诚相见。教师教书育人，除课堂讲授外，更多的是在日常生活中以自己的一身正气去影响和感化学生。

其二，“善”是指每个教师要有高尚的情操。要甘于淡泊，守住清贫，忠诚党的教育事业，敬业乐业，无私奉献。无私奉献应该成为我们的师魂。王思明、胡安梅等优秀教师之所以在平凡的岗位、艰苦的条件下做出那样感人的事迹，根本原因就在于他们有无私奉献的精神。而近年来之所以出现了极少数教师歧视“差生”、以罚代教、以赢利为目的补课等有损于教师形象的现象，究其根本原因，就是缺少了这种奉献的精神。教师的“善”就是把促进学生的健康发展当作自我职业人生的目的，并为之无私无悔的奉献，善待每一个学生，关爱每一个学生，帮助每一个学生，陶行知“捧着一颗心来，不带半根草去”充分体现了教师职业“善”的内涵。新时代的教师应当具有强烈的责任感和使命感，以天下为己任，乐于奉献，甘于清贫，耐住寂寞，不随物欲而横流，不为名利所支配，远离世俗之浮躁，廉洁从教，洁身自好，脚踏实地地勤奋工作，以身作则，为人师表，教书育人，以高尚的师德风范感召学生。

其三，“美”是指教师还应具有美好的品格。教师在职业劳动中除了要具有美的仪容服饰外，还要有美的举止。教师在教书育人和日常生活中要注意自己的行为举止，做到谦虚礼貌，不卑不亢，不能粗野无礼，蛮横放任，这是教师道德对教师行为的起码要求。教师是学生的教育者，自己的举止不仅要礼貌，而且要端庄，正派，适度，得体，优美，让自己的举止体现出良好的道德文化修养，让美德表现在外部行为上。教师在与学生的交往中要让学生体验到自己举止中那具有丰富内涵的美。

教师要言传身教、身体力行

教师在人们心目中的形象是真、善、美的传播者，人类灵魂的塑造者，莘莘学子人生的导师和引路人。人们常用“学高为师，身正为范”来形容教师，其中的“身正”即意味着具有高尚的德行，一身正气，这是为师的首要素质。面对各种利益的诱惑、多元思想的碰撞，教师尤其要具有浩然之气，这样，教师才能在知行统一中让学生“亲其师，信其道”。讲正气是教师的人格标准。教师是人类灵魂的工程师，从事的是培育人、塑造人的神圣事业。要把正气发扬光大，离不开教师言传身教，更离不开教师的身体力行。

作为教师，在学生面前决不能做言语上的巨人，行动上的矮子，说一套，做一套，当面一套，背后一套，言行不一，说做相离。要求学生做到的，自己要首先做到，禁止学生做的，自己坚决不做。在学生面前一是一，二是二，是则是，非则非。要像圆规，找准自己的立足点，将肩负的任务圆满完成；要像火车，勇往直前，没有越轨行为；要像天平，公正无私，用公道感化每个学生；要像太阳，眼睛向下，给学生以温暖和阳光；要像小溪，不畏艰难，走自己该走的路，哪怕经历曲折也不回头，让自己的生命之水浇灌更多干枯的花朵；要像竹子，每前进一步都要认真地做一小结（节）；要像绿叶，乐于做花的陪衬，使花朵更加艳丽；要像火柴，不惜燃烧自己，照亮别人，给人以前进的光芒。

讲正气，教师要以身垂范，以自己的良好德行感染人，以自己的高尚情操感化人。

当前，我们要积极结合社会主义荣辱观教育，结合“党的先进性教育”，结合教育系统开展师德教育，不断塑造自我，完善自我，超越自我，为培养下一代做出表率，为下一代的茁壮成长提供肥沃的土壤。[1]

[1] http://fhzx.cixiedu.net/html/xiaoyuanxinwen/2010/1228/132.html.

/ 科学的提升方略

进入21世纪以来，教育的宏观背景发生了深刻的变化。新课程标准逐步推行，学校与教师将成为课程、教材改革的主要参与者。教师教学素养的提升是提高高等教育质量的关键因素之一，对于改进高校的教学质量具有重要的意义。教师教学素养由学科知识结构、教学能力结构和职业道德修养三个方面构成，提升方略既有教师内在的修炼，也有学校外在的激励。教师自主提升方略为：热爱教学，喜欢学生；认真对待助课环节；注重平时积累知识；注意博采众长；利用反馈信息改进教学；将科研融入到教学中。学校促进方略为：加强质量文化建设；建立课堂教学准入制度；完善青年教师培训方法；开展教学基本功竞赛。教学素养是教师对教育事业的认识，以及作为教育工作者所应有的各种知识在自身内化而成的修养和品质，也可以说是教师作为教育工作者的职业素养。它不是遗传的，而是通过学习和实践逐步获得的。

/ 科学发展新要求 /

胡锦涛同志提出了“以人为本，全面、协调、可持续发展”的科学发展观，这是我国经济社会发展的重要指导方针，也是发展中国特色社会主义的重大战略思想。在十七大上，科学发展观被写入党章，成为中国共产党的指导思想之一。

转变教育思想观念 /

坚持课堂教学和实践教学的改革，以育人为本、以学生为主体，全面落实立德树人的要求，促进学生的全面发展。要知道，任何教学都是 “教”和“学”对立面的有机统一，老师教得再好，学生不学，也达不到教学的目的。没有“学”，就无所谓“教”，因此，教学层面必须着力寻求“老师的教”和“学生的学”两个方面的统一。教师要想提高自己的教学能力和水平，在当前还是首先要转变教学观念，由传统的教书、教知识向教人、教学生转化。这样就得深入了解学生，认识学生，尊重学生，了解学生的学习特点、学习兴趣和知识结构，认识学生的接受能力、接受特点和接受规律，尊重学生的价值选择，尊重学生的人格和个性。这样才能够因材施教，实现教育的目的。

做到爱岗敬业，加强自身师德修养 /

学校是塑造学生能力的基地，对于教师的教学能力以及德育能力都有着很高的要求，这就要求教师不仅要有扎实的专业知识，还应具备良好的道德修养。由于教师所从事的职业特殊，是教育人、塑造人的事业，因此教师的世界观、人生观和价值观，甚至一言一行，都会通过这样或那样的方式，对学生的各个方面产生直接的影响。因此，教师应该时刻注意自身道德情操的修养，通过言传身教，在传授知识的同时渗透做人的道理，帮助学生完善人格。

教师必须不断学习和深造，将理论应用于实践 /

教师是学生心目中的偶像，教师博学多才，学生才会“亲其师、信其道”，所以教师必须有扎实的专业知识。它表现在精通与知新的方面。精通，就是对所教学科，要掌握其基本理论，了解学科的历史、现状、发展趋势和社会作用，掌握重点、难点。不仅要知其然，而且要知其所以然，抓住要领，举一反三，触类旁通，运用自如，激发学生的学习兴趣。知新，就是要学习新知识，讲课要有新意。当代科学知识分化急剧，新陈代谢迅速，应用期越来越短，知识的创新性越来越鲜明，这就要求教师要及时吸取新信息、新知识、新理论，不断充实自己，完善专业知识结构。专业知识的精通与知新，要求教师自觉坚持接受继续教育和各种专业培训，加强自身的学习和进修，始终站在知识的前沿。此外，作为一名教师，我们应注重将理论及时应用于实践中，培养学生的实际操作能力。社会要进步，学校要发展，都离不开科学的发展观。这就要求我们要紧密结合新时期下工作的新特点、新要求，落实岗位职责，转变观念，拓宽思路，不断创新，在学校正确领导下，牢固树立和落实科学发展观，理解和把握其深刻内涵，并贯彻到教学工作中去。

教师要全面提高自身素质，承担社会赋予的伟大使命 ／

全面实施素质教育，推行基础教育课程改革是当前教育领域的一场深刻变革。作为这场变革中站在第一线的教师，要采取积极的态度，不断学习和领会新课程改革的精神和理念，注重创新精神的发挥，追求新课程理想的境界，这就要求教师大力提高自身综合素质，业已成为目前亟待解决的问题。给知识注入生命，知识因此而鲜活；给生命融入知识，生命因此而厚重。新课程改革的一个最大的亮点是要求课堂焕发出生命的活力。所谓活力，即师生生命的创造力，课堂应是师生互动、心灵对话的舞台；应是师生舒展灵性的空间；应是师生共同创造奇迹、探索世界的窗口；应是向每一颗心灵敞开温情双手的怀抱；应是点燃学生智慧的火把。

新课程要打通课堂的壁垒，制造课堂的热能效应，将学习活动立体化，极大地拓展学习的外延，让学生积累文化，积淀精神。每节课有“形”有“神”、有“情”有“韵”，并以“情景”为亮点，以“情感”为纽带，以“思维”为核心，以“周围世界”为源泉，通过创设和渲染一种优美、智慧富有青少年情趣的氛围，将知识教学镶嵌在情景中，融入到艺术活动中，课堂成了虚拟的智慧宫、科技园、演讲厅和挑战平台。课堂是“阳光地带”，课堂是“动感地带”，课堂也是“情感地带”。同时，体验到新课程学科教学要凸现学科特点不仅需要“形似”，即语文课要有“语”感、数学课要有“数”感、自然（科学）课要有“悬”感、音乐课要有“乐”感、美术课要有“美”感、品德与生活和品德与社会课要有“悟”感、英语课要有“乐”感、体育和综合实践活动课要有“动”感等；还需要“神似”，即在一种和谐的情感氛围下，将激活的知识种子播种在学生大脑的“沃土”中，实现师生情感与情感的交融、心灵与心灵的共鸣和生命活力与生命活力的对接。理想课堂就是磁力、张力、活力的和谐，且能用知识激活知识，用生命激扬生命，用心灵激动心灵，用人格激励人格；理想课堂就是能透过活泼的氛围、活跃的思维和活生生的教学环节，无处不见鲜活的生命在律动、交融、成长，无时不见活灵的智慧在闪现、流动、焕发异彩。可见，新课程改革给教师提出了更高的要求。作为教师，唯有勤奋努力，尽快地全面地提高自己，才能适应改革和发展的需要，才能真正承担起全社会所赋予的历史使命。[1]

/ 学习力及其提高 /

全国教育工作会议的召开和教育规划纲要的颁布实施，开启了我国从教育大国向教育

[1] http://wenda.tianya.cn/wenda/thread?sort=wsmorv&tid=219c11193b52d724.

强国、从人力资源大国向人力资源强国迈进的历史征程。《教育规划纲要》提出的战略目标是："到2020年，基本实现教育现代化，基本形成学习型社会，进入人力资源强国行列。"这充分体现了党的十七大报告关于"形成全民学习、终身学习的学习型社会"的重要思想。学习贯彻落实好《教育规划纲要》，就必须创建学习型校园，全面提升广大教师的学习力，造就一支师德高尚、业务精湛、结构合理、充满活力的高素质专业化教师队伍，以更强的学习力推进素质教育的实施。学习在教师专业成长中起着举足轻重的作用。实践证明，学习本身也是一种能力，即学习力。教师的学习力不是在实践中自然生成的，需要教师有意识地自觉修炼、持续地提升。

教师学习力缺乏的原因 ／

学习力不会从天上掉下来，当然是通过后天的刻苦努力，与时俱进，业务水平和思想理论素质才会与日俱增。为何教师们的学习力太低，甚至厌学？事出有因。

现行的教育管理体制不利于广大中小学教师学习力的提高　当今学校出台的管理教师的制度方案，大多都是围绕着如何提高学生的考试分数为准则出谋划策，决策者们挖空心思用"事事与经济利益挂钩"的制度把教师们捆绑在学校坐班，教师们任劳任怨、辛勤耕耘，承担着日复一日、年复一年的繁重的教学任务，备课、上课、批改作业、课内课外辅导学生等等责任，拼命地向学生要分数。满怀信心、充满激情的教师们经长期的磨训，无奈地削足适履，选择"适应现实"，被乖乖地驯化成木讷的"犁田式"或"机器型"的"师呆子"。校方从不为教师订阅或印阅教育教学类资料，阅览室、图书馆徒有虚名。教师们既没空闲，也没机会洗脑充电，更不用说"走出去"吸收素质教育的新鲜空气。这不是个别现象，更不是危言耸听，这是当今教育管理实实在在的弊端之一。

思想观念问题　“家有三担粮，不当孩子王”的思想仍然根深蒂固。有些年轻人走上三尺讲台不久，感觉不对劲，思想就有问题了，特别是分配到农村的教师，面对艰苦条件和年幼无知的孩子，心浮气躁，加上周围同事领导关心不够，就把心思专注在考研、考公务员、搞关系改行“走人”上，学习的东西都无关教育，身在曹营心在汉，提升教育教学学习力成为空话。

学校历来只重视升学率，忽视“磨刀功”　素质教育轰轰烈烈，应试教育扎扎实实。时至今日，许许多多学校还是如此拼命地抓高考、中考升学率，大小教育刊物介绍学校，首先看到的体面内容也是高考、中考升学率，教育主管部门最希望看到的也是高考、中考升学率如何如何。为此，校长高举升学率大旗，校园随处可见教师们同学们“高考，加油”或“中考，加油”大幅标语，学生起早摸黑苦读，教师起早摸黑陪读。有些校长认为提升教师教育教学学习力是教师个人私事，不赞成，也不提供便利条件，校方如何提升教师教育教学学习力自然高高搁置在空中。

教师的经济待遇不高，满足不了一个普通家庭最起码的生存需要　民以食为天，为了生存和发展，到了假期，教师们都自然而然把心思用在如何能多赚点钱贴补家用上，至于提升教育教学学习力的想法没心思考虑。

另外，当前中小学的职称体制存在很大问题，中学教师评上了中学高级职称，小学教师评上了小学高级，职称就到头到顶了，职称不能再升，教师就感到没有压力，没有动力，客观上影响了教师自我提高学习力、创新力的积极性。没有政策引领力，少有人去“奋斗不止”提升教育教学学习力。

提高教师学习力的重要性／

当今社会已经进入一个需要终身学习的时代　在农耕时代，读几年书可能可以用一辈子；在工业经济时代，读十几年书可能可以用一辈子；但在知识经济时代，知识的“折旧率”越来越高，“淘汰速度”越来越快，“保鲜期”越来越短。当今社会已经进入一个需要终身学习的时代。任何一个人一次性从学校拿到毕业证书，已远远不能适应以后工作和生活的需要。他必须终身学习，从为获取某种任职资格而学习转变为终身学习。教师也同样要成为终身学习者。

党和政府对提升教师教育教学学习力高度重视　构建终身教育体系，已经成为当前我国教育发展的重大战略选择。党和政府对提升教师教育教学学习力高度重视，在《教育规划纲要》中得到充分的反映。在《教育规划纲要》中，与学习型社会建设密切相关的用词“继续教育”或“继续学习”和“终身教育”或“终身学习”频繁出现，分别有27次和12次之多。

时代呼唤提升教师学习力 ／

信息时代促使教师的角色已在发生变化。过去的教师是知识的载体，教师就是知识，知识就是教师。现在教师不再是知识的唯一载体了，学生可从各种渠道获取知识、掌握信息，教师只是其中一种渠道。老教师如果不进一步学习，就会落后于学生。学习不再仅是学生的专利，教育也不再仅是教师的特权。因此广大教师必须更新教育观念，改进教学方法，对专业知识不仅要知其然，而且要知其所以然，要通过自己的学习和实践不断调整、改造自己的知识结构，促使自己由“经验型”教师向“研究型”教师转变。要适应今后教学的需要，文科教师要学习理科知识，理科教师也要学习文科知识，特别是要努力学习外语和电脑。中小学的非语言课如果用英语或其他外语教学，可以极大地提高学生的学习兴趣和学习效果。教师还必须学会从网上获取资料，学会自制课件。这样才能使教师不只有一桶水，而是有常流常新的活水。

教育改革和发展的核心任务是提高质量。提高质量是教育事业的永恒主题。与时俱进，树立科学的质量观，注重教育内涵发展，时代呼唤提升教师学习力。第一，推进素质教育对教师学习力提出了新要求。实施素质教育要求教师的教学方法由单纯传授知识向增强学生的能力转变，由过去教学生学会转变为教学生会学；由过去单纯传授式教学转变为师生互动式教学；由过去依靠教材、讲解教材转变为开拓、挖掘、扩展教材功能，扩大学生学习空间；由过去统一的刚性教学转变为柔性教学。第二，深化课程改革对教师学习力提出了新要求。课程改革的目标，除了要在教材中体现外，更是对师德建设提出了新要求。经过改革开放30多年的努力，教师的学历水平已大大提高，且现代化教学手段不断涌现，在这种形势下，要做好教育教学工作，最重要的是要提高教师学习力。第三，做专家型教师对提高教师学习力提出了新要求。教师不仅是知识的传播者，而且是先进文化、先进生产力的创造者和推广者，深受人们的尊重。但是，在这方面也出现了师德失范的问题，主要表现为“伪造、拼凑、低水平重复或故意夸大研究成果的学术价值等等”。这些问题存在的根本原因在于岗位意识淡薄，角色意识模糊，敬业精神失落，教师学习力下降，不求进取、不钻研业务、不注重提高自身素质，忽视基本功的训练，急于成名，不愿做扎实的工作，眼高手低，不愿做深入细致的研究工作。

提升教师学习力的举措 /

培养教师的学习力，是建设现代化学校并使之持续发展的根本和原动力所在。教师除了必须具备正确的教育观念、良好的职业道德、丰富的教科研能力、纯熟的学法指导能力、扎实的业务基本功、现代教育技能、显著的个人兴趣特长及广阔的知识背景外，还要能全身心投入，不断学习，并能在学习过程中形成、提升个体及团队的学习力，即学习动力、学习毅力、学习能力和效能的综合体现，从而将学习力转化为推进素质教育实践与创新的能力。

重视学习，树立新的学习理念　重视学习，善于学习是中华民族的优良传统。学习是行动的先导，要理解明白“磨刀不误砍柴工”的含义。要树立崇学重学、勤学善学理念，以学习为荣、不学习为耻。树立全员学习、终身学习理念，使学习真正成为广大教师的一种基本的生活态度、一种高远的师德境界、一种自觉的价值追求。树立团队学习理念，大兴学习之风，营造崇尚学习的浓厚氛围。树立教育教学工作与学习一体化理念，使学习与教育教学工作有机融合、相互促进。各级教育主管部门要组织广大教职员工认真学习贯彻落实在新世纪召开的第一次全国教育工作会议精神、深刻领会《教育规划纲要》、《中小学教师职业道德规范》的精神实质，要组织开展向“全国教书育人楷模”学习活动，通过开展《教育规划纲要》知识竞赛、征文、演讲比赛、举办论坛等多种形式，使广大教师进一步认识到提升学习力的必要性，理应严格遵守《中小学教师职业道德规范》，自觉树立五种教育观念，力求学以明志、学以立德、学以增智，以实际行动做个敬业爱生、明礼诚信、廉洁从教、勤学乐教、无私奉献的人民教师。

创新形式，增强教师的学习力　扎实有效地开展学习型校园建设，必须探索体现教育教学工作特点、贴近教师需求、富有实际成效的学习方法。要坚持集体学习、个人自学、岗位培训等方法，广泛开展互动式、体验式、共享式、论坛式、课题式以及教师技能比赛活动等，使学习成为研究教育教学问题的课堂、交流思想的家园、创新思路的平台。组织形式多样的教育教学学习活动，发挥组织推动、骨干牵动、典型带动、激励驱动作用，增强教师的学习兴趣，变“要我学”为“我要学”。还可采取“请进来，走出去”的方式，请专家、学者谈科学发展，谈经济，谈文化，谈教育均衡，使全体教师了

解现代社会的高度文明与科学，从而扩展教师的眼界，丰富教师的知识面。如果说营造学习氛围可以培养团队的反思能力与学习能力，鼓励个人学习则更能改善教师思考品质，进一步提高教师学习力。学校应当经常开展教育教学大比武活动：例如，讲一口流利的普通话、命好一套质量较高的试卷、制作好一个课件、设计好一篇具有新创新意识的教案、讲一节优质课、撰写一篇质量高的教育教学论文、辅导好一个研究性学习小组、做好一个课题、带好一个班级、转化一名学困生等等。

注重实践，建立一支具有学习力的教师队伍　教师是教育第一资源，培训即投资，提升教师学习力是学校最有价值的投资，教师培训是教师学习力提升的重要途径。学校尽量为教师培训提供机会，让教师在做中学，学中做，赢得个人成长和学校发展双丰收。目前，教师培训大多停留在知识补充方面，培训方式大多是理论讲授，培训效果极为有限，不利于教师创新素质的培养。我认为，教师学习力的培养仅靠给教师讲点理论和技法是不够的，真正教育教学学习力的形成，是要激发教师积极主动地参与，靠教师亲身的体验，在教学实践中产生创造和创新的领悟，逐渐使其思维敏捷，掌握一定的创新思维技巧，养成善于突破思维定式的习惯，从而对培养学生创新素质起到言传身教的作用。当前，培训教师的主要目的是提高教师的综合素质，增强教师的创新精神和实践能力。教师应是能综合包括学科教育内容在内的教育设计师，特别是具有激发培养学生创新精神的能力。培训教师不是复演师范课程，也不仅局限于学科专业教学能力的提高，应从实施素质教育培养学生创新精神和实践能力的实际需要出发，介绍现代教育理论、组织教师学以致用，运用现代教育的理论和方法，设计教育方案、反思和分析教育实践，使实践经验明晰化、形式化，并上升到理论高度。

机制保障，保证教师学习力的增强　为了保证学校培养学习型教师氛围的形成，使整个发展过程可持续化，学校在整体上应建立与之相关联的三个基本机制。一是开放参与机制。创设宽松民主的环境，倡导教师反思式参与，树立主人翁的意识。可成立学校工作咨询小组，其宗旨是对学校工作提出建设性、富有创意的意见，使教师创新意识与能力有展示与实现的机会。完善家长参与制，发挥家委会的作用，从家长的评价中发现青年的闪光点，使他们得到社会群体的认同。二是激励导向机制。注重人本情感激励，建立校长谈话制，力求与教师多沟通。注重健全人格心理氛围的激励，开展各种评先活动，旨在充分调动教师内因，树立我行、我会的信念；注重教师学习、创新教育境界的培育，积极为一线教师提供进修机会和成为名师、名家的机会。通过有效的教育教学评比活动，对学习力强、事迹突出、学生称颂的优秀教师予以重奖，树立榜样。同时批评坏人坏事，鞭挞不良倾向，树立良好的学风、教风、校风，增强教职员工的团队学习精神，调动大家的工作学习积极性。三是考核评价机制。健全的制度机制是提高教师学习力的有力保障。要建立健全促进、约束、督促、保障学习的制度机制，解决好学习的时间、内容、目标、责任和奖惩激励等问题。要认真完善集体学习、教学研究、个人自学、主题教育、学习考核和成果转化等经常性制度。强化学习责任，落实学习任务，激发学习动力，同时不断总结新鲜经验，并及时用制度的形式固定下来。要强化制度的执行力，努力形成内有动力、外有压力的有效机制，要借贯彻落实《国家中长期教育改革和发展规划纲要》的东风，采取多种形式，将提高教师学习力作为教师考核、聘任和评价的首要内容，把提高教师学习力提高到新水平，推动学习型学校建设科学发展、创新发展。对青年教师培养的工作既要引导、激励，又要衡量、评判，在评价中力求向三个方面偏向：偏向过程，重视发展；偏向经验缺乏的教师；偏向对教师的教育实绩给予综合评价，而不是单纯地以学生成绩优劣作为标准，

着眼于对青年教师个人发展的引导，而非重功利性的结果评价。

促进引导，规划教师专业发展 教师学习力的提升实质应基于学校、为了学校和服务学校，学校发展和教师学习力的提升是一致的，教师的发展要通过学校有组织、有计划、有目标、有方向的引导与培养，为教师从一名“教书匠”成长为学者型教师、专家型教师提供良好的支持平台，更是每一位教师梦寐以求的理想。为此，学校一要为教师的发展指明方向，可以制订“名师工程”实施方案，开设各种各样的培训班、教科研文章撰写和评审的指导培训班，并为一些专门技能人才的培养开绿灯，使教师超前地掌握现代科学技术与文化知识，为实施个人的发展奠定坚实的基础。要鼓励教师形成有特色的教育教学风格。营造一个学习型组织，努力提高教师的学习内驱力，形成一种以学习为荣，人人争当名师、争当教育家的浓厚的学习氛围。二是教师学习力的提升不仅仅是专业知识的增加，更为重要的是职业道德和教育艺术的提高，要努力培养和提高教师综合素质，让教师有责任感、积极发挥潜能，释放育人激情，通过老带小、优帮差、结对子等方式，学习型校园就能形成人人争当名师、争当教育家的大气候，便有了一股奋发向上的正气，一种独特的学习型校园教育文化。[1]

/ 思想力及其提高 /

中央教科所田慧生研究员讲过，“教师专业成长的核心内涵有三个方面：一是价值观引领下的教育理念与专业精神的不断重构与塑造，这是对教师的专业成长的定向。二是基于广泛学习的专业和非专业知识的不断拓展，这是教师专业成长的根基。三是反思学校日常生活基础上的教育智慧的不断提升，这是教师走向卓越和优异的催化剂。”可见，教师专业成长的关键在于提升思想力。

[1] http://blog.sina.com.cn/s/blog_46a4f6a50100z0zb.html.

提高思想力的重要性 /

思想力是一把双刃剑。希特勒青年时代梦想成为艺术家却未能考上艺术大学，希特勒发挥了错误思想力的作用，用非常具有蛊惑力的演说，创建了第三帝国，组建了纳粹党，发动第二次世界大战，改写了欧洲历史。历史记载，毛泽东一生没有拿过枪，但他依靠正确的思想力领导中国人民解放军打败蒋介石的八百万军队，建立新中国。在文革期间，又能让十亿中国人在同一时间做同样一件错误的事情。思想力既能为人类进步起到推进作用，又能阻碍人类的发展。

拿破仑曾说过，世界上有两种东西最有力量，一是宝剑，二是思想，而思想比宝剑更有力量。其原因就在于思想可以通过行为改变宝剑，所以说思想胜过宝剑。

思想力是思想对客观物质世界的作用力，思想力是包括执行力、学习力、生产力等所有力量的源泉，是我们行为的碑石，是经验和教训的结晶体。思想力是在思想的过程中练就并不断提升的。所有被明指或暗喻专业品位不够而需要“成长专业”的教师同仁，可能在职业基本认知、职业基本技能方面不存在问题，弱就弱在思想力不够强。思想力不强，自然发现或归纳不出课程与教学的真知灼见；思想力不强，往往会困守一些落后的——至少是不合时宜的——教育教学观念而养成惰性；思想力不强，一般会不思进取，对既成的课程内容与教法不思改新，对现行的课程与教育规章不思改革，对穿越时空的教育教学规律不思审视与继承，对光怪陆离的教育教学言论不思辩证。长此以往，专业境界定然落后于现实教育生活的需要。进而推知，由思想力不强的人带出来的弟子，由思想力不强的弟子建设维护的国家，不能不是子民弱国。

努力提高思想力 /

佛家认为，一个人要升华必须经过三个过程。第一个过程叫历练，就是千锤百炼，要受磨炼、受熏陶，什么样的酸甜苦辣都要经受过；第二个过程叫顿悟，就是在历炼之后经过自己的思考，有了一种豁然开朗的感觉，也就是“天眼”开了，能看清是非了；第三个过程叫蛹化蝶，也就是说像凤凰涅槃一样。思想力需要经过这样三个阶段之后，才能形成一种有功能的思想。

加强思想建设　思想建设是我们工作的灵魂和抓手。因为时代变化了，任务变化了。当前人们对物质的追求、精神的追求和灵魂的追求从来没有像现在这样纷繁多姿。总的来讲，社会很复杂，我们可以到股市看看人们对物质的追求，我们可以到歌剧院看看人们对精神的追求，我们可以到教堂看看人们对灵魂的追求。物质多样，文化多元，信仰多变，道德多象都对我们的教育产生了冲击。非主流思想大量充斥当今社会。如果不加强思想建设，我们就会在滚滚红尘中迷失心智。我们生活在一个世俗的社会，这样的社会往往会影响教育，教育的宗旨也容易被严重扭曲。但是，我们对教育的回归和教育本质追求的脚步从来没有停止过。我们该做什么？要努力让教育回归本我和本真。以学校为阵地，守住自己的理想家园，让我们的教育实践成为社会浪潮中的一道纯净风景线，必须把思想建设工作放在突出的位置。

加强人生观、价值观的修正与确立。做任何事情，说任何话都是人的思想的反映。都能看出我们思想的痕迹，哪怕我们努力去掩盖出发点都是不可能的。教师的人生观和价值观都在课堂教学、班级管理和学校管理中或多或少影响着学生的成长，当然也影响着我们自己孩子的成长。所以，教师的人生观和价值观正确与否至关重要。我们的人生观和价值观决定了我们的教育思想，从长远来讲，决定着一所学校办学宗旨，影响着学校未来的面貌。

加强政治建设　加强政治建设，最基本的是落实对每一项工作的基本要求。君子需要“日参省乎己”，见贤思齐，见不足而后改之。对党员来讲，静下心来，拿出党章逐条对照，我们还有哪几条能对得上号？党章用来教育自己，而不是教育别人。要把党性观念作为共产党人的要求，有些人把党作为一种符号，只有开党员会议的时候我们才知道是党员，平时没有很好尽到一个党员的义务。虽说不一定非要走在最前列，但千万不能落到后边去。关注提高我们的思想力，以此来改进我们的工作。

思想力的来源 教育思想力来自哪里？一是来自学习。信息化时代，只要有兴趣有定力，一定能学到可以用于教育教学和管理的知识和方法。如果我们能把用于上网的一半时间拿来用在通过互联网进行教育教学和管理信息收集整理及运用的思考，那必定会产生教育思想力。二是来自我们的教育实践。做事情可以产生思想，教育实践自然催生教育思想力。不去实践，思想再丰富不产生促进教育的力量，那就是教育空想。

做事要专注 美国现代成人教育之父戴尔·卡耐基说过这样一句话，“年轻人事业失败的一个根本原因，就是精力太分散”。把有限的精力用在几个方面，对一件事情不够专注，缺乏思想力。广种薄收，甚至是颗粒无收。

开卷有益 要提升思想力，自然要读书，读什么样的书，怎样去读书却是个问题；要提升思想力，自然要做思维体操，哪怕是语文教师，要广泛地去阅读文学名著。思维体操怎么做？不管哪个学科的教师，要提升思想力，第一是读逻辑学，第二是读哲学，第三可能要读美学，最后才轮到读各学科的史学。[1]

/ 创造力及其提高 /

创造力及其特征 /

创造力的含义 创造力是指个体产生新奇独特的、有社会价值的产品的能力，是

[1] http://blog.sina.com.cn/s/blog_426184490100y3qx.html.

人类普遍存在的一种潜能。根据“新”的程度不同，创造分为真正的创造和类似的创造。真正的创造是一种产生了具有人类历史首创性成品的活动。类似的创造产生的成品并非首创，只对个体而言具有独创性。类创造是手段，真创造才是目的。

创造力的基本特征 目前较公认的是以发散思维的基本特征来代表创造力。发散思维也叫求异思维，是沿不同的方法去探求多种答案的思维形式。与发散思维相对，聚合思维是将各种信息聚合起来，得出一个正确答案或最好的解决方案的思维形式。研究者认为，发散思维是创造性思维的核心。

创造力的基本特征：一是流畅性。个人面对问题情境时，在规定的时间内产生不同观念的数量的多少。该特征代表心智灵活，思路通达。一般认为小学阶段流畅性最高。对同一问题所想到的可能答案越多，即表示他的流畅性越高。二是变通性。即灵活性，指个人面对问题情境时，不墨守成规，不钻牛角尖，能随机应变，触类旁通。对同一问题所想出不同类型答案越多者，变通性越高。三是独创性。个人面对问题情境时，能独具慧心，想出不同寻常的、超越自己也超越同辈的意见，具有新奇性。对同一问题所提意见愈新奇独特者，其独创性越高。

影响创造力的因素 /

环境 从环境方面来说，家庭与学校的教育环境是影响个体创造力的重要因素。在家庭方面，父母受教育程度、管教方式以及家庭气氛等都在不同程度上影响人的创造力。在学校教育方面，学校气氛、领导对教师自主性的鼓励和学习活动的自由度影响教师的创造力。

智力 研究表明，创造力与智力的关系并非简单的线性关系。二者既有独立性，又在某种条件下具有相关性，其基本关系表现在以下几方面：低智商不可能具有创造力；高智商可能有高创造力，也可能有低创造力；低创造力的智商水平可能高，也可能低；高创造力者必须有高于一般水平的智商。这说明，高智力只是创造力的必要条件，而不是充分条件；高创造力是高智力的充分条件。

个性　一般而言，创造力与个性二者之间具有互为因果的关系。综合有关研究，高创造力者一般具有以下一些个性特征：具有幽默感；有抱负和强烈的动机；能够容忍模糊与错误；喜欢幻想；具有强烈的好奇心；具有独立性。

创造力的培养

要想培养人的创造力，就必须解决好两个问题：一是想不想创新的问题，它解决的是创新的意识问题。二是能不能创新的问题，它解决的是创新的能力问题。一般而言，实现创新要从以下几个方面努力：

创设有利于创造力产生的适宜环境

一是创设宽松的心理环境。学校应给教师创造一个能支持或容忍标新立异者或偏离常规思维者的环境，让教师感受到“心理安全”和“心理自由”。为了创造自由的、无拘无束的环境，托兰斯提出五种原则：尊重与众不同的疑问；尊重与众不同的观念；向学生证明他们的观念是有价值的；给以不计其数的学习机会；使评价与前因后果联系起来。二是给教师留有充分选择的余地。在可能的条件下，应给教师一定的权利和机会，让有创造力的教师有时间、有机会干自己想的事，为创造力行为的产生提供机会。一些专家认为，创造力的活动是需要花费时间的，创造力思维常常需要等待机会。三是改革考试制度与考试内容。应使考试真正成为选拔有能力、有创造力人才的有效工具，在考试的形式、内容等方面都应考虑如何测评创造力的问题。

注重创造力个性的塑造

一要保护好奇心。应接纳教师任何奇特的问题，并赞许其好奇求知。好奇是创造

活动的原动力，可以引发个体进行各种探索活动，应给予鼓励和赞赏，不应忽视或讥讽。解除个体对答错问题的恐惧心理，对教师所提问题，无论是否合理，均以肯定态度接纳他所提出的问题。二要鼓励独立性和创新精神。应重视教师与众不同的见解、观点，并尽量采取多种形式支持教师以不同的方式来理解事物。对教师的观点，要正面鼓励替代反面警告。三要重视非逻辑思维能力。学校应鼓励教师大胆猜测，进行丰富的想象，不必拘泥于常规的答案，去掉定势和从众的思维方式。四要给教师提供具有创造力的榜样。通过各种方式使教师领略创造者对人类的贡献，受到创造者优良品质的潜移默化的影响，从而启发他们见贤思齐的心理需求。

通过开设培养创造力的课程来教授创造力思维策略

一是发散思维训练。训练发散思维的方法有多种，如用途扩散、结构扩散、方法扩散与形态扩散等。二是推测与假设训练。这类训练的主要目的是发展教师的想象力和对事物的敏感性，并促使教师深入思考，灵活应对。三是自我设计训练。学习通过实际的操作活动，完成自己的设计。四是头脑风暴训练。通过集体讨论，使思维相互撞击，迸发火花，达到集思广益的效果。具体应用此方法时，应遵循四条基本原则：一是让参与者畅所欲言，对所提出的方案暂不作评价或判断；二是鼓励标新立异、与众不同的观点；三是以获得方案的数量而非质量为目的，即鼓励多种想法，多多益善；四是鼓励提出改进意见或补充意见。[1]

/ 调适力及其提高 /

在课堂中实现学习方式转变的教师角色调适 /

职责催迫教师转变并全面提高自身素质

教师的职责是帮助学生检察和反思自我，明了自己想要学习什么和获得什么；帮

[1] http://www.qnr.cn/zy/Teacher/zhidao/200901/111925.html.

助学生寻找、搜集和利用学习资源；帮助学生发现他们所学东西的个人意义；帮助学生营造和维持学习过程中积极的心理氛围；帮助学生对学习过程和学习成果进行评价，并促进评价的内在化等。新课程教学对教师提出了高要求，教师为了能够较好地履行职责，就需要做好多方面的准备。比如：应具有广博的学科知识和综合知识，具有寻找、搜集学习资源的技能和方法，具有优秀的思想品质和心理品质，具有激励、促进学生发展的评价理念和评价知识等。

新教学观的教学的目的在于帮助每一个学生进行有效的学习，使之按自己的个性得到尽可能充分的发展

教学虽是以促进学习的方式影响学习者的一系列行为，但应更多地视为是一项人际互动的过程。那种通过严格程式化的规则、过程、步骤进行监控的系统方法并不适合这项工作。教学过程应该是由以下几方面构成：引起注意和唤起学习者的学习需要；就教学要达到的目标形成共识；激活学习所必需的先前经验；规划学习领域并提供适当的学习资源；引出作业并适时提供作业正确性的反馈；促进保持和迁移。

我们知道，要想使学生能学得最好，教师必须了解学生的学习要求与学习状况，这对于我们如何在课堂中落实自主学习、合作学习与探究学习将很有帮助。比如：当学生有兴趣，当他们的身心处于最佳状态时，他们学得最好，那么教师就要懂得让自己的教学密切联系学生的生活世界，激发他们的兴趣，使他们在最佳状态下愉快接受学习；当教学内容能够用多种形式呈现，当学生发现知识的个人意义，能自由参与探索与创新，当学生能够学以致用时，他们学得最好，那么教师就要懂得让自己的教学方式服务于学生的学习方式，帮助学生发现知识的个人意义，不限制学生思考的方向，激发学生主动参与、乐于探索、勇于创新，使他们在融洽和谐的学习氛围中获得知识与提高综合能力；当学生遭遇到理智的挑战，有更高的自我期待时，他们学得最好，那么

我们教师就要懂得随时激励学生去完成富有挑战性的任务，帮助学生确立能够达成的目标，使他们的学习完全是一种自我意识的呈现与满足；当学生被鼓舞和被信任能做重要的事情，当学生对教师充满信任和热爱时，他们学得最好，那么教师就要懂得经常用鼓励与信任的语言和目光与学生交流，给他们以足够的自信与空间任他们驰骋与遨游。总之，教师要懂得与学生及时反馈，建造沟通的桥梁，让学生的学习过程真正变成一种自觉的、有活力的、探究的与发展自我的过程。新教学观要求教师改变课堂教学的呈现方式，其目标就落实在改变学生的学习方式上。教师应该组织、建立有效的小组合作学习方式，满足学生心理需要，充分发挥学习积极性与主动性，为学生合作学习和探究学习提供有利条件。

教师如何提高心理自我调适能力 /

教师是教育者，教师的心理问题当然可以在他人的帮助下解决，在排除外部压力后得到缓解或消失。但教师的心理问题解决经常的、大量的、主要的应靠自我教育，即通过自我调适来保持自己的心理健康。

认清形势，调整心态，适应现实

时代在前进，社会在发展，改革在深入，作为教师自己的观念也须随之转变，以跟上急剧发展的形势，面对现实，接受挑战，积极进取，以愉快的心情接受自己的教师身份。教师要形成正确的思想观念和道德意识，理智的认识、评价和对待自己，不因他人及同行对自己的评论而影响自己情绪，也不要做出伤害他人的不理智行为，做到对自己不狂妄自大，也不妄自菲薄。把主要的精力放在教育教学工作中，遵循教育教学规律，妥善对待学生出现的各种问题，甚至错误。尤其是后进生的人格更应该得到应有的尊重和爱护，做到循循善诱，不操之过急，以减少因学生而产生的不良情绪导致体罚、变相体罚等过激行为。这是因为教师的不良情绪以及挫折感经常是来自学生不尽如人意的表现，而解决问题的办法是树立对学生正确的认知观念，深入了解学生的心理和生理特征、成长规律、个体的智商、能力差异等，只有这样才能理智地避免情感冲突而减少压力。

坦诚开放，正视自己，承认自身的不足与缺陷

教师必须正确认识自己，为自己设置合适的目标，淡泊名利，完善人格，才能减少挫败体验，保持心理健康状态。教师对自身能力、水平认识不足，过高估计自己，自我期望值过高；教师本身的人格缺陷，如名利思想、患得患失、追求完美、意志力差；思考问题的方式和角度不正确等因素都会经常导致活动失败而引发心理挫折感。加快专业知识的充实提高，积极参加继续教育和业务进修；以“平常心”对待一切事物，“拿得起，放得下，想得开”，不做自己力所不及的事，不给自己出“难题”，扬长避短，培养自己良好的个性，建立适度的期望，以体验成功的快乐，增强自信心。

接纳他人，以诚待人，建立良好的人际关系

要善于接纳他人，学会欣赏别人，为同事的成功喝彩，工作中、生活上互帮互助、团结协作，以自身的诚意，换来同事、家长、学生的信任，建立良好的人际关系。

加强意志，增强抗压能力

面对外界刺激，心理压力的大小因人而异。同样的外界刺激到底会给人造成多大的心理压力，实际上是由每个人自身的抗压性(或称抗压能力)所决定的。人的抗压性不是天生的,加强意志品质的培养，磨炼人的意志力是增强抗压性的有效方法，也是减轻心理压力，保持心理健康的心理基础。首先，教师要增强教书育人的责任感和使命感，树立起自信心，就有了克服和战胜困难的内在动力。有了自信心，就有了同困难进行斗争的坚强决心和克服困难的乐观精神，也就能藐视困难，降低紧张度，提高抵

抗压力的水平和能力。其次，要加强意志坚定性的培养，坚信自己决定的合理性，并保持充沛精力,克服困难和干扰，困难面前不退缩，压力面前不屈服，良好的意志品质是减轻心理压力的重要心理基础。

教师有效调适压力的策略 /

减少不必要的压力源　避免压力过大的方式之一就是要懂得“量力而行”，也就是不要让自己绷得太紧。不要凡事都揽在自己身上。该做的，当尽全力做好。但不要什么都去争，什么都想做，不要羡慕别人得了多少好处，更不要指望天下好处一个人尽占。

提高自我效能感　相同的情境下，个人对自己所持的看法与信念不同，行为效果就不一样。自我效能感，就是个人对自己获致成功所具有的信念。亦即对个人能力的判断，对自己的信心程度。高自我效能感的人，倾向于相信自己拥有的资源可以应付所需，当遇到有压力的事情时，会将其视为“挑战”，而不是“威胁”。当然，信心不是盲目的，能力不是凭空产生的，教师要在教育实践中不断提升自己解决教育问题的能力。

用积极的想法支配自己　视压力事件为“麻烦”，不如视之为“锻炼机会”；视失败为“倒霉”，不如视之为“天将降大任于斯人也”。

学习有效的压力应对方式　一是解决问题。直接采取行动以解决问题，包括评估压力情境，找出不同的解决方案，择善付诸行动。二是暂时搁置。接纳压力，但暂时搁置不管，稍作调整以增强解决问题的能力。三是改变。从正向角度重估自己的认知与情绪状态，借由自我增强和调整认知、情绪状态以解决问题。四是寻求支持。寻求他人支持，借由他人以增强解决问题的能力。

利用好你的时间　该做的事情马上做。今日事，今日毕。拖拉会使压力更大，压力作用的时间更持久。

培养幽默感　幽默可以化解压力，增进身心健康。在心理健康方面，幽默的创造或对幽默的欣赏，能释放人们内心的攻击冲动与焦虑情绪，维持心理平衡，减轻忧郁症状。

建立社会支持网络　社会支持网络是个体应对压力的外在资源，主要指人际间的支持与引导。教师要注意形成良好的教育人际关系和生活人际关系。

/ 意志力及其提高 /

西奥多·罗斯福曾说过："有一种品质可以使一个人在碌碌无为的平庸之辈中脱颖而出，这个品质不是天资，不是教育，也不是智商，而是意志力。有了意志力，一切皆有可能，无，则连最简单的目标都显得遥不可及。"意志力又称自律，是在实现目标的艰辛路途上不可或缺的品质，其他还需要的品质有努力、决心和毅力。心理学家称这些品质为"坚毅"。在宾夕法尼亚大学一系列新研究中，研究人员发现，坚韧不拔的人更容易在学业、工作及其他方面获得成功，这也许是因为他们富有激情，忘我投入，才可以克服漫长道路上不可避免的绊脚石。换句话说，成功不仅要靠才能，还要有一种个性，一种精神。坚毅比意志力含义更深远，所以意志力是坚毅的一部分。除此之外，要实现日常的短期目标，意志力也是极为重要的。"要想实现目标，最重要的在举步维艰的时候是决不气馁。成功的关键就在于能抵挡住诱惑，顽强拼搏。"

人的意志力是有限的 /

研究表明，意志力是有限资源。当你下意识地抑制自己的冲动、想法、下意识地做出决定、抵制诱惑，全力以赴，你就会逐渐疲惫。这种意志就会耗尽之后，你就无法

积蓄下一阶段所需要的意志力。睡眠可以恢复你的意志力，就像恢复你的其他精神一样。还有迹象表明，运动和冥想也可提高你的意志力，这不足为奇，因为运动和冥想可以提高许多精神活动。总之，多休息放松。底线是你必须在必要时用意志力，同时注意用量以免过早地殆尽了。

提高和储存意志力的方法 ／

一是避免诱惑。你用不着总是把自己放在时不时考验毅力的境地里。这似乎有点反直觉，但是许多证据表明那样的话，你的意志力很容易就耗尽了。二是做有意义的事。基于自己价值观念的决定更容易做出来，因为你可以用自己一贯的自我准则，而不用怎么下意识地控制自己。所以坚持自己的原则。三是计划在先。要对可能遇到的问题做打算，想好对策，这样就算遇到了也不会焦头烂额。四是关键字眼。给自己创造一个关键词或者短语，在自己脆弱的时候提醒自己不要忘了自我价值观。这会激励你不断前进，继而使你对关键词做出积极的反应。五是不要分散意志力。如果你贪图一举多得、一劳永逸，那么很有可能你没有足够的意志力去完成。六是控制自己的思想。"意志力与思想控制有直接的联系。一旦你意识到你能够让积极的思想排挤掉消极的思想，你就朝着自律一生前进了一大步。"七是学会分解。为自己创造动力实现较高的目标是需要很大意志的。那么，把一个大的目标分解成一个个小目标，一一实现会简单许多。八是给自己一点时间恢复。如果刚完成了消耗巨大意志的任务，那么你就要让自己休息一阵再去实现下面的目标。九是利用早晨时光。人的意志力在早晨时最强的，所以应该把需要毅力的事放到早上做。假如你想开始锻炼，那么最好是养成早上锻炼的习惯。十是习惯成自然。最好的做法就是在挑战和诱惑面前坚定不移，把这些积极的做法形成你的习惯。你看，每天早上刷牙，你需要毅力吗？那是每天例行的。[1]

[1] http://gz2011.qlteacher.com/Article/view/92871.

/ 领导力及其提高 /

何谓教师领导力 /

教师领导力是指教师在学校组织中，通过自身的知识、能力、情感等非权力性因素以及专业权力相互作用，形成的一种对自我激励、对学生和其他成员的综合性影响力。因此，教师在学校发展中的角色绝非仅仅是经历者、执行者，更是领导者。“教师领导力”概念的提出，有利于改变教师的工作态度，完善其价值取向，调动其内驱力，促进教师更主动地积极地参与学校的教育教学工作，这对于深化学校改革、促进教师专业化发展具有重要意义，同时，教师的领导力更能体现教育的公平性。

教师的专业发展要求提升教师的领导力 /

从上世纪80年代初开始，美国开始兴起教育重整运动的改革浪潮，随着教育改革的推进，越来越认识到学校如果单凭校长个人的领导，已经不足应对学校外界环境的变化和改革。许多学者纷纷呼吁在学校组织内部进行领导结构的重整，提议教师参与学校领导。这种形势下，教师成为领导者的提议深入人心，提升和发展教师领导力也成为各国教育改革中的重要议题之一。教师是学生的引路人，教师引导学生树立正确的世界观、人生观和价值观；引导学生学会做人、学会学习、学会创新发展，为其终身发展奠基。教师是教学改革的探索与实践的主体，教师以现代教育思想、高尚的人格魅力与精湛的教学能力引领着学生的发展。

教师领导力首先体现在教师的教育思想上，是价值观的引领　教师是学生发展的引领者，教师是主导而学生是主体。教师个人的教育思想、态度和价值观决定了他

的行为方式与风格。

教师领导力的核心是专业影响力 提高教师的专业知识与技能，增强其专业影响力是教师领导力的核心所在。

教师领导力是校长实现领导力的基本力量 学校中的领导力是一种关系模式，即领导力不是存在于个体内部，而是存在于个体之间的空间。简而言之，就是校长、教师、专家等之间的关系模式。校长用何种思维与态度对待教师，决定其产生何种关系模式。

教师领导力有利于激发教师的潜能并有助于构建和谐团队 与传统领导力概念相比，教师领导力表现为集体领导力的形式，教师通过相互之间的合作来使专业知识得到提升。正因为教师领导力更多地表现为一种非正式领导力的特点，故而更易构建和谐的团队。

提高教师领导力能够激发教师主动发展的潜能 /

教师作为一名专业工作者，除了应具备基本的专业知识与技能以外，是否还需要具备其他的素质呢？据美国著名心理学家大卫·C·麦克利兰的研究表明：教师还应具有一定的潜在的素质，它隐含着表现力或思考力，这种力量可以类推至个人工作或生活上的各种不同情况，并且能一直停留在个体身上相当长的时间。知识与技能是外显的、可见的，易于评价和培养；而诸如社会角色、自我概念、特质和动机的潜在素质则是内隐的、深藏的，并且难于评价和培养。由此可见，个人的特质与动机对学校的发展影响重大。

教师的发展靠机制。需要学校建立一套促进并适合教师专业发展的管理制度、组织机构、保障措施、运行机制，需要学校为教师参与专业发展活动搭建一个平台。但所有教师专业发展机制最终都要归结为一点，即：以启动教师内驱力为出发点。因此，激发教师的动机并逐步完善其特质，并不断调整其自我概念和社会角色，才是师资队伍建设成败的关键。

提升培养教师领导力的实践 /

搭建平台，使教师由“幕后”走到“台前” 作为校长有责任为教师搭建平台，形成一个教师能够对工作进行自主决策的场所，增强其领导力。因此，学校要实施一系列教师培养计划，使教师们逐渐由幕后走到台前，尽情施展着教学艺术及其魅力，教师领导力得以进一步提升。

参与管理，使教师由“被动”变成“主动” 如果我们将太多的责任和权力放在少数干部身上，他们本身并不能产生改进教育教学实践的领导力。只有各种各样、各级各类的教师领导者，才能整体提升学校的领导力。我校注重教师的人文关怀，并赋予每位教师切实的权利和职责参与学校的管理，将领导力在组织成员之间进行恰当的分配。

改进教学，使教师由“要我”变成“我要” 课堂是教育的主阵地，课堂教学是教师专业成长的主要载体。根据二期课改全面落实三级三类课程的要求，学校已着手在国家课程校本化的研究和开发以探究为中心的综合校本课程等两方面开展探索。例如：各学科根据国家课程教学标准编写了《校本学科单元教学标准的实施指南》，并在课堂教学中以“导学稿”的形式进行实践，检验其合理性和有效性。教师们不断获得成功，幸福指数继续上升，领导力也日渐增长。

分层培养，使教师由“普通”变成“优秀” 每个教师的专业发展道路都不尽相同，专业成长速度也非同步。激发教师自主发展并形成各自风格或特色是教师队伍建设的目标之一。在“名师专家”计划中，学校要根据教师特点，分层分类进行梯队培

养，从高级指导教师、教育教学能手、教坛新秀、骨干教师到青年教师，都安排了不同的培养计划。目的就是让每一位教师都能健康成长，快速提高，不断走向“优秀”。

建设团队，使教师由“单干”变成“合作”　领导者有责任支持其他教师领导力的开发。他们通过自己的教学专长来影响同事改进他们的实践、分享他们的做法，从而使学校的有效教学得到整体提升。所以教师领导力不应简单看成是某个教师的领导力量，而应将其看成是组织内成员力量的集合，是团队的力量。因此，学校要长期致力于教师团队建设，建立健全一系列制度，积极探索发掘“教师领导力”新的内涵，定期开展学习讨论，尝试以项目为载体，组织内容丰富、形式多样的活动，给予教师发展领导力的机会，并创造适宜其成长的环境与文化，不断增强师资队伍的综合实力，从而提升学校的教育教学品质。[1]

/ 执行力及其提高 /

执行力及其重要性 /

“执行力”是时下人们都在谈论的一个热门话题。什么是执行力？执行力就是保质保量地完成工作任务的能力，就是部门和个人理解、贯彻、落实、执行决策的能力。它是企业竞争力的核心，是把企业战略、规划转化成为效益、成果的关键。事实上，一个组织无论是企业还是政府，成功与否，可以说是三分战略，七分执行。优秀的组织都非常重视执行力的问题。提高执行力可以加强企业核心竞争力，是企业超越对手、保证持久性的重要优势，提高员工自身的竞争力，甚至可以推动企业变革。

[1]　http://webzine.pte.sh.cn/article/1866.aspx.

对于学校而言，执行力就是将长期发展目标一步步落到实处的能力；是把办学理念、发展规划、学校计划、学校决策转化成为学校发展壮大、教师专业成长、学生理想放飞的关键。教师是学校发展的关键，学校的执行力水平在很大程度上取决于教师执行力的高低，它既可以促使学校快速发展，也可能使学校停滞不前，甚至倒退。

如果没有牢固的执行理念和强劲的执行力，任何的决策和计划都不可能贯彻落实到底。在竞争日趋激烈的今天，谈如何办出特色、铸造品牌、培养“乐学善思、尚美能群”的阳光少年，如果没有执行力这些都将成为一句空话、一种奢望。因此除了要正确制定学校发展规划外，还要特别重视培养提高教师的个人执行力。

教师个人执行力不强的原因 /

在学校中，如果教师个人执行力不强，其原因大致有：学校制度不完善与制度苛刻；执行过程过于烦琐；管理中层职责不明没有常抓不懈；缺少科学的监督考核机制；教师本人缺乏责任心、主动性、创造力。

努力提高教师的执行力 /

第一，提高决策者的水平。西方有这样一个故事：“一头狮子领着的一群羊，可以打败一头羊领着的一群狮子”。在学校中校长为首的管理团队的决策水平是影响执行力的重要先决条件。必须科学制定正确的学校发展规划，把学校发展与教师个人专业发展同步提升。

第二，不断修订、完善富有“人文精神”的管理制度。制度是提高执行力的保障。刚性的制度里体现“人文精神”，可以更好地消除教师的消极情绪和抵触情绪，使其更易自觉接受纪律的约束。

第三，创造注重细节的工作氛围。《细节决定成败》一书给我们教育工作者一个启示，学校管理无小事，必须注重细节，从小事做起。

第四，加强培训，不断提升团队素质。“木桶效应”已说明，最短的木板决定容量。一个团体，必须紧密结合，不让每一个人掉队，只有团结起来共同进步才能出成绩。

第五，教师要加强自身学习，提高素质，树立积极正确的工作态度。个人执行力的强弱态度是关键。所以，教师要通过加强学习，认识到“差不多”就是“差很多”。“不要问学校能为你做什么，应该问你能为学校做什么”。如果你想要做一件事情，你会有一百个理由去做，如果你不愿做一件事情时，你同样会有一百个借口不去做。

第六，要提升效能。必须强化时间观念和效率意识，“立即行动、马上就办”。克服工作懒散、办事拖拉的恶习。每项工作都要立足一个“早”字，落实一个“快”字，不断创新，善于思考。阿里巴巴在美国成功上市创造了财富神话，首席执行官马云说过一句话：阿里巴巴不是计划出来的，而是“现在、立刻、马上”干出来的。如果我们学校的每个教师都能严格按照制度的要求，按照学校规划的要求去工作，不互相推诿、不拖拉懈怠、尽职尽责，团结协作，将每一个环节的工作都落实到实处，将每一件任务都不折不扣地完成，那么一切都将不再遥远。[1]

[1] http://blog.sina.com.cn/s/blog_4c194c170100va9j.html

参考文献

[1]李慕南主编:《优秀教师的职业信条》,辽海出版社2011年出版。

[2]李慕南主编:《做一个最受学生欢迎的老师》,辽海出版社2011年出版。

[3]王向阳主编:《做成功教师的50招》,东北师范大学出版社2010年出版。

[4]赵诗安等主编:《现代教育理念》,江西高校出版社2007年出版。

[5]支德银编著:《现代教学理念及经典运用》,东北师范大学出版社2010年出版。

[6]王晶等编著:《教师必须具备的十大美德》,东北师范大学出版社2010年出版。

[7]李亚男主编:《教师的人格修炼》,东北师范大学出版社2010年出版。

[8]李慕南主编:《教师的境界》,辽海出版社2011年出版。

[9]李慕南主编:《教师职业倦怠与应对》,辽海出版社2011年出版。

[10]刘素梅主编:《教师礼仪修养》,东北师范大学出版社2010年出版。

[11]李荣兰主编:《教师学会人际交往的重要性》,东北师范大学出版社2010年出版。

[12]邵清艳主编:《教师健康生活指南》,东北师范大学出版社2010年出版。

[13]李佑俊著：《教师研究力修炼》，东北师范大学出版社2010年出版。

[14]马英志主编：《班主任哲学50讲》，东北师范大学出版社2010年出版。

[15]耿书丽主编：《班主任能力修养》，东北师范大学出版社2010年出版。

[16]侯毅主编：《班主任形象与素养》，东北师范大学出版社2010年出版。

[17]胡英江等主编：《校长德育实践指南》，东北师范大学出版社2010年出版。

[18]衣奎伟著：《校长治学艺术修炼》，东北师范大学出版社2010年出版。

[19]学校管理工作领导小组主编：《校长管理创新与策略》，辽海出版社2011年出版。

[20]竭宝峰主编：《校长的高绩效领导》，辽海出版社2011年出版。

[21]吴志樵主编：《学校领导者素质修炼》，辽海出版社2011年出版。